数字营销系列

兴趣电商

短视频运营与流量变现

季素英　管榕飞　梁龙　宫河阳◎著

企业管理出版社
EMPH ENTERPRISE MANAGEMENT PUBLISHING HOUSE

图书在版编目（CIP）数据

兴趣电商：短视频运营与流量变现 / 季素英等著. —北京：企业管理出版社，2022.1

ISBN 978-7-5164-2524-4

Ⅰ. ①兴⋯ Ⅱ. ①季⋯ Ⅲ. ①网络营销 Ⅳ. ① F713.365.2

中国版本图书馆 CIP 数据核字（2021）第 243848 号

书　　名：	兴趣电商：短视频运营与流量变现
书　　号：	ISBN 978-7-5164-2524-4
作　　者：	季素英　管榕飞　梁　龙　宫河阳
责任编辑：	徐金凤
出版发行：	企业管理出版社
经　　销：	新华书店
地　　址：	北京市海淀区紫竹院南路 17 号　　邮　编：100048
网　　址：	http://www.emph.cn　　电子信箱：emph001@163.com
电　　话：	编辑部（010）68701638　　发行部（010）68701816
印　　刷：	河北宝昌佳彩印刷有限公司
版　　次：	2022 年 1 月第 1 版
印　　次：	2022 年 1 月第 1 次印刷
开　　本：	710mm×1000mm　1/16
印　　张：	15.25 印张
字　　数：	220 千字
定　　价：	65.00 元

版权所有　翻印必究　·　印装有误　负责调换

前言 PREFACE

百度的一个大型活动上，李彦宏在与一些企业家探讨发展问题的时候，首次提到了互联网思维。他提到："我们今后要有互联网思维，可能你做的事情不是互联网，但你的思维方式要逐渐从互联网的角度去想问题。"从那天起，互联网思维逐渐被大众所认知。经过这些年的发展，互联网思维已经完美地与传统行业产生了对接，同时也彻底改变了传统的商业模式。

随着对互联网思维认知的丰富与深化，许多创业者进行了一些颠覆人们传统认知的创新，如短视频。通过短视频，许多人实现了他们曾经遥不可及的梦想，帮助许多传统企业实现了弯道超车。

2020年短视频用户规模已超8.73亿个，短视频行业快速崛起，并进入了成熟期，已经成为重要的流量高地之一，市场竞争也越发激烈。目前，短视频行业呈现出两强争霸的格局，字节跳动与快手领先优势明显。随着微信视频号与哔哩哔哩的入场，两强争霸的格局正在逐渐改变。

短视频凭借其独有的特性，成为了当下社会很受欢迎的信息载体。对于使用者而言，短视频可以满足他们不同的需求；对于短视频创作者而言，短视频帮助他们带来了新一轮的财富增长。短视频平台新增数量、用户增长速度和资本活跃度都在不断创造新高，这也充分说明了短视频行业已经进入成熟期。短视频平台的流量池越来越大，蕴含着巨大的商业机会。

本书主要从三个方面对互联网思维下短视频的运营法则进行分析。首先，介绍了短视频的"从0到1"，即对短视频有了一个初步的认知：究竟什么是短视频？短视频行业究竟是如何发展的？其发展路径中究竟有什么困境？需要如何解决？其次，介绍短视频的营销，让读者知道：短视频的价值究竟在哪儿？短视频是如何产生说服力的？最后，对四个短视频的主力渠道进行详细的解读，即抖音、快手、哔哩哔哩以及微信视频号的运营法则。希望读者通过分析与解读这四大主力渠道，对短视频有一个更清晰的认知，并通过运用互联网思维来彻底理解短视频的运营法则及流量变现手段。

  本书在写作过程中，周雯珺、黄金萍、何婉诗、舒敏琦、王佳妮、刘芮嘉等同学参与了相关章节的资料整理工作，在此表示感谢。需要特别说明的是，本书学习、借鉴、吸收和参考了国内外众多专家学者的研究成果及大量相关文献资料，并引用了一些书籍、报刊、网站的数据和资料，已尽可能地在参考文献中列出；由于时间紧迫，有部分文献未能与有关作者一一联系，敬请见谅！在此，对这些成果的作者深表谢意。限于编者的学识水平，书中难免有疏漏，敬请广大读者批评指正，使本书再版时能够锦上添花！

2021 年 11 月 18 日

目录 CONTENTS

第一章 短视频的"从0到1" / 001

第一节 认识短视频 / 005
一、短视频是什么 / 005
二、短视频的发展历程 / 006
三、短视频的类别 / 009
四、短视频营销 / 011
五、短视频营销的优势分析 / 015

第二节 短视频行业 / 019
一、短视频行业的发展方向 / 019
二、短视频行业的发展困境 / 022
三、短视频行业的发展对策 / 025

第三节 短视频营销的亮点 / 027
一、短视频的价值 / 028
二、短视频的效能 / 032
三、短视频的说服力 / 033

第四节 短视频的主力渠道 / 035
一、抖音 / 035
二、快手 / 036

三、B 站 / 037
四、视频号 / 043

第二章 抖音——记录美好生活 / 051

第一节 抖音引流 / 056
一、微信引流法 / 057
二、直播引流法 / 059
三、网店引流法 / 063

第二节 抖音变现 / 067
一、广告变现 / 068
二、带货变现 / 070
三、IP 打造变现 / 075

第三节 抖音品牌 / 079
一、抖音品牌营销的优势 / 079
二、抖音品牌营销的形式 / 082
三、抖音品牌营销的步骤与玩法 / 085

第三章 快手——拥抱每一种生活 / 095

第一节 快手的创造要素 / 099
一、内容底蕴：品牌 + 产品 + 话题 / 100
二、内容生态：纵向 + 高密度 / 104
三、内容画像：四大要素 / 109

第二节　快手的运营方案　/ 111

一、精准定位：原创 + 垂直 + 干货　/ 111

二、规划方案：目标是曝光率和转化率　/ 115

三、内容设计：热门话题 + 优秀标题　/ 117

第三节　快手的营销方法　/ 123

一、矩阵式布局及树立品牌　/ 123

二、粉丝评论及形象维护　/ 125

三、用户圈层和社群运营　/ 127

四、广告变现和电商变现　/ 129

第四章　哔哩哔哩　/ 141

第一节　平台运营　/ 145

一、归类与定位　/ 146

二、内容分区与规则　/ 147

三、创作与内容管理　/ 148

第二节　爆款作品的创作方法　/ 154

一、内容标签：鲜明人设　/ 155

二、拍摄技巧：构图美感　/ 164

三、直播录制：工具与玩法　/ 166

第三节　流量变现　/ 167

一、实力圈粉　/ 167

二、广告变现　/ 170

三、官方变现　/ 174

四、直播变现　/ 177

五、其他方式变现　/ 183

第五章　视频号——记录真实生活　/ 189

第一节　视频号的价值　/ 193
一、视频号——短视频行业新巨头　/ 194

二、视频号——一艘新时代的巨轮　/ 198

三、视频号的黄金营销法则　/ 202

第二节　视频号的 IP 打造策略　/ 203
一、IP 定位法则　/ 204

二、IP 营销策略　/ 207

三、IP 商业时代　/ 210

第三节　视频号商业变现　/ 213
一、视频号流量变现　/ 213

二、视频号内容变现　/ 217

三、视频号复合变现　/ 220

参考文献　/ 227

第一章

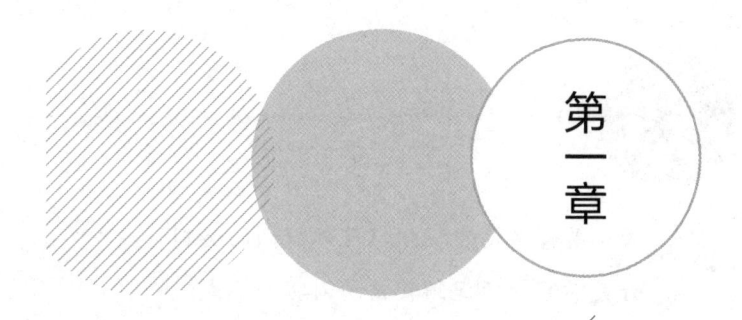

短视频的「从0到1」

近年来，互联网上出现了各式各样的短视频平台，里面的内容越来越丰富，观看的人也越来越多，其商业化的步伐在不断地加快。短视频不仅帮助许多人完成了梦想，同时也帮助许多企业实现了弯道超车。

也许每个人都知道什么是短视频，却又很难对短视频给出一个具体的定义。对于个人和企业来说，如何进行短视频营销也是一个关键性的问题。本章将讨论什么是短视频、如何应用短视频进行营销并简要介绍短视频的主力渠道。

随着科技的发展，短视频正成为5G时代的"现象级"风口。能否在短视频这一波浪潮中获得自己的红利，就要看大家自己的选择和执行力度了。

——著名音乐人、投资人　胡海泉

学习要点

☆了解什么是短视频以及短视频的类别
☆灵活掌握短视频营销的内容与形式
☆理解并运用短视频营销的步骤与玩法
☆了解短视频的主力渠道

开章案例

抖音：以短视频记录生活

近年来，很少有一个软件能像抖音这样迅速发展起来。以往人们的手机应用，大多部分是微信、邮箱、浏览器等一系列偏向于沟通和与工作有关的软件。但是随着时间的推移，很多人的手机中都有了抖音这个APP。

短视频是移动互联网时代新的通信信息内容标记，根据移动互联网的持续发展趋势，短视频产业已融入受众移动性的新闻媒体发展。抖音APP将短视频推向了这个高峰。虽然其内容短小精悍，但所传达的精神文化却吸引着每一个人。在这里，人们可以根据视频分享自己的日常生活，还可以了解朋友们的日常，也能看到各种不常见的事物。

抖音运营本质上是一个以年轻人为中心的音乐短片社区。用户可以通过选择歌曲，并根据手势语言表达方式来制作自己的作品。抖音用户可以根据视频速率、视频编辑、特效等技术让视频更具创意、更完整。

1. 公司简介

抖音短视频属于今日头条，2016年上线。这种用短视频记录自己生活、工作的方式，马上就受到了众多年轻人的追捧。短时间内，抖音用户量激增，用户发布的视频内容也越来越多元化。在这个平台上，不仅有音乐、健身、制作美食等生活片段的记录，也有图书、服装、美妆等各种营销视频的身影。2017年5月，抖音平均每日在线视频观看量超过1亿。同年8月，它达到了10亿，其中85%的客户年龄在25岁以下。

2. 抖音的发展过程

据统计，超过八成的使用者的年龄小于24岁，使用者中95后居多，甚至有许多00后。这足以说明，只要把握住年轻群体，就相当于抢下了极大一部分市场。现在的年轻人热衷于网上冲浪，不爱看电视也不爱看报纸，很多消息都是从手机中得知，抖音就利用了年轻人的这个习惯，将很多新闻以短视频的形式呈现，让人们对新闻所述事件一目了然。这也大大地吸引了社会新闻媒体进驻抖音。

抖音的目标人群可以分为两类：内容上传者和观看者。内容上传者主要基于服务平台展示自己，并满足他们的竞争野心。他们通常具有以下特征：记录日常生活，强烈的模仿欲望以及自我情绪的表达。在这个阶段，抖音的短片没有名人，这是普通百姓可以展示自我并被发现的机会。只要拍得好，也会获得很多关注，从而吸引大量的用户观看。观众的要求相对简单，主要是基于服务平台来消磨时间并获得游戏娱乐性。它的特征是：对歌曲有一定的兴趣，对娱乐有特定的要求，对知识的渴望，对时尚潮流的热爱，消磨无聊的时间。追赶时尚潮流是年轻人的特征，因此抖音短视频可以很快赢得许多年轻人的喜爱。

短视频的主要特征之一是它们很短。短视频继承了视频相关文本和图形的优势，并且可以基于动态视觉效果和立体听觉系统，以更可视的方式传播信息。另外，短视频的播放时间更符合当今时代。如今，人们忙于工作，只有碎片化的时间才可以用来进行娱乐。短视频特别适合忙碌的人们，如午休时、地铁上、课间，用户随时可以打开短视频放松一下。而且，忙于工作的人，没有时间去看一部完整的电影或者电视剧，这时就可以选择在抖音上看剧情解说，只要几分钟就可以了解剧情，十分便捷。

抖音的门槛相对较低，只要有表现欲，就可以尝试拍小视频，用一部手机就可以创作，无需太多复杂的工具。这同时也为很多人提供了新的赚钱渠道，例如直播卖货，"带货王"李佳琦，创下了通过五个小时的直播成交额353万元，五分钟卖掉15000支口红的纪录。任何人在抖音上都有机会成为博主，人人都可能成为产品经理。同时也吸引了众多商家与抖音合作，包括三只松鼠、完美日记、欧莱雅等大型公司。

3. 短视频逐渐改变人们的认知

2021年，一部新的电影《刺杀小说家》正式登陆各大院线，这部电影的拍摄地点是重庆。电影中展示出了重庆交通的魔幻，但是其实早在电影上映之前，重庆已经在短视频中展现出了自己的魅力。

从抖音与清华大学发布的《视频与城市形象研究白皮书》中我们可以看到，越来越多关于城市的短视频出现在了抖音之中。有关重庆的短视频播放量甚至已经超过了110亿。短视频让这些城市不再遥不可及，使更多的人对其他城市的文化、历史、美食以及标志性建筑有了兴趣，这一举措也给城市带来了更多的客流量，带来了可观的收益。人们的认知也随之发生了很多的改变。

4. 特殊广告营销手段

随着媒体的不断演进，越来越多的娱乐内容用户涌进抖音。明星们也逐渐将抖音作为自我展示和互动的重要部分。基于抖音的优势，各大娱乐行业通过抖音明星场发布年度荣誉榜，并打开了行业与市场之间的"壁垒"。还通过盛大的仪式、花式明星与粉丝的互动，拉近明星与粉丝的距离。同时，引导行业重新思考娱乐宣传的更多可能性，传递娱乐的正能量。

对于广告，见仁见智。越来越多明星进驻抖音，他们的粉丝也愿意为其下载抖音。越来越多的明星受吸引进驻抖音，利用抖音为自己即将开播的新剧做宣传。

随着越来越多的巨头入场，短视频被推到了风口浪尖之上。抖音在各类短视频平台中杀出重围，依靠的也许并不仅仅是平台的力量，它的成功同样也是由短视频的特性导致的。抖音的成功也有着短视频在这个时代地位的推波助澜。本章我们将讨论短视频的从0到1。

（资料来源：笔者根据多方资料整理而成）

第一节　认识短视频

短视频是数字经济时代的产物。从2016年开始，短视频变得越来越火热。本节我们将讨论短视频是什么、短视频的发展历程、短视频的类别以及短视频的营销，真正地认识一下短视频。

一、短视频是什么

短视频是借助于互联网络、电脑通信技术和数字交互式媒体来进行传播的传播形式，也是在文字传播、图片传播、传统视频传播之后又兴起的一种互联网内容传播形式。区别于传统的传播形式，短视频将文字、语音和视频进行了融合，这种传播形式可以更加直观与立体地满足用户表达与沟通的需求。与传统视频动辄几十分钟的表现形式不同，短视频的长度以"秒"为计量单位，用户仅仅使用手机软件就可以对视频进行编辑上传，并在社交平台进行实时分享，是一种新型的媒体传播渠道。

在当今的社会，短视频发展迅速，其用户数量、行业规模以及社会影响力持续提高，并且逐渐成为移动互联网行业的重要组成部分。通过对各大手机应用商城的统计，抖音、快手等短视频头部平台在下载量、排行榜和应用市场的评论数等维度已经展示出了极其强大的竞争力，西瓜视频、抖音火山版、微视、美拍等短视频平台在细分之下通过独特的用户定位吸引着不同的用户群，哔哩哔哩、微信等传统平台也在其产业下进行了短视频模块的设定。

二、短视频的发展历程

短视频的发展并不是在一日之间迅速完成的，其发展经历了许多年的铺垫。

从互联网普及到2011年，随着优酷、乐视、搜狐、爱奇艺等传统视频网站的接连成立以及观看人数的持续增加，我国开始进入了网络视频时代。人们慢慢地发现，过去在电视上才能看到的电视节目都已经可以在视频平台上进行观看了，甚至各大平台提供的视频有着电视节目所不具有的特性。人们逐渐养成了在互联网上观看视频的习惯。

2008年以后，智能手机和3G网络在中国开始了全方位的覆盖。同时各大移动运营商也对其套餐进行了降价，更加贴合用户碎片化内容消费需求的短视频凭借"短、平、快"的传播优势，迅速获得了各大内容平台、用户以及资本等多方的支持与青睐。

2013年以后，新浪微博推出新功能秒拍，用户可以将一些简短的视频上传至新浪微博上，我国的短视频行业在此时得到飞速发展。2016年被很多人称为短视频元年，在这一年papi酱成了现象级"网红"，在互联网上推出了许多爆款短视频，许许多多的视频创作者开始在短视频这个行业寻求发展。自此，我国短视频进入了蓬勃发展的阶段。

2017年，短视频流量的变现规模也在逐步扩大，变现规模在短视频行业已经超过了50亿元；2018年，短视频的内容有了爆发式的增长，整个行业的规模也疯狂扩大。2020年，短视频的用户规模已经突破8亿。各个互联网巨头都已经将短视频提到了核心战略地位，通过资金的注入与自身资源来推动用户的增长。笔者经过总结，将短视频的发展列为以下几个时期，如图1-1所示。

萌芽期 → 探索期 → 成长期 → 成熟期 → 突破期

图 1-1 短视频的发展

1. 萌芽期

追本溯源，我们会发现短视频的源头是出现在传统视频网站的短片、微电影等。我国首家互联网视频平台乐视网于2004年成立，正式拉开了互联网视频行业的序幕。2005年，Youtube、Viddy等视频网站受到广大国外用户的追捧，它们的发展经验和成功模式让中国互联网企业纷纷效仿。土豆网、56网、激动网、PPTV等相继上线，成为我国视频网站群体发展初期的主要成员。

在视频网站创立初期，就有用户在视频网站上上传了一系列的短视频。但是，在个人互联网时代，视频网站的内容仍然以电视上的内容为主，而用户个人上传的视频只是一小部分。进入移动互联网时代后，短视频才得到了一系列的发展。

2. 探索期

随着移动互联网时代的到来，信息传播的碎片化和内容制作的低门槛促进了短视频的发展。2011年年初，市场出现了一款名为"GIF快手"的产品，用户可以使用该软件制作、分享 GIF 图片。2012 年年初，该软件正式进入转型阶段，改名为"快手"，但是因为移动互联网与设备的限制，该软件在发行之时并未得到许多的关注。2014 年，随着智能手机的发展，移动互联网进行了更新换代，用户可以更方便地进行短视频的拍摄以及制作。随着硬件的升级，智能手机成了最好的视频拍摄助力工具，人们可以随时随地拍摄与制作短视频。

伴随着 Wi-Fi 技术的成熟，人们通过手机拍摄并分享短视频成为一种流行文化。2014 年，美拍、秒拍迅速崛起；2015 年，快手也迎来了用户数量的大规模增长。

短视频的特点不只是时长短，更重要的是其生产模式由专业生产内容转向了用户原创内容。这种生产模式的转变促使短视频数量剧增，各类短视频平台如雨后春笋般涌现。

3. 成长期

2016 年被称为短视频元年，各大互联网平台进行了超过 30 笔的资金运作，而在短视频市场的融资金额更是高达 50 多亿元。随着资本的涌入，各类短视频 APP 的数量发生了井喷式的增长，用户也渐渐接受了这种新型的视频形式。同时，用户舍弃了一些没有内容的短视频，开始追求更高质量的短视频。

2016 年 9 月，抖音上线，其最初是一个面向年轻人的音乐短视频社区，到了 2017 年，抖音进入迅速发展期；而快手在 2017 年 11 月的日活跃用户数超过了 1 亿。在短视频的成长期，内容价值成为支撑短视频行业持续发展的主要动力。

4. 成熟期

2018 年，快手、抖音、美拍相继上线商业平台，短视频产业链逐步形成。随后，平台方和内容方不断丰富细分领域，在用户数量大幅增加的同时，商业化也成为短视频平台追求的目标。如今，以抖音、快手为代表的短视频平台月活跃用户环比增速有所下滑，用户规模即将饱和，用户红利逐渐减弱。如何在商业变现模式、内容审核、垂直领域、发行渠道等领域变得更加成熟，成为短视频行业发展的新目标。

5. 突破期

随着互联网技术的逐渐发展以及各类新兴技术的出现，短视频的拍摄与展现形式出现了质的变化。用户可以使用 AR、VR 以及无人机拍摄技术，使观众得到前所未有的观看体验，这有力地促进了短视频行业的发展。

三、短视频的类别

随着短视频的迅速发展，用户对短视频的内容输出的要求也水涨船高。各个短视频平台为了更好地进行用户推送与精准投放，根据短视频创作者对于个人视频号的定位，可以将短视频分为六类，如图 1-2 所示。

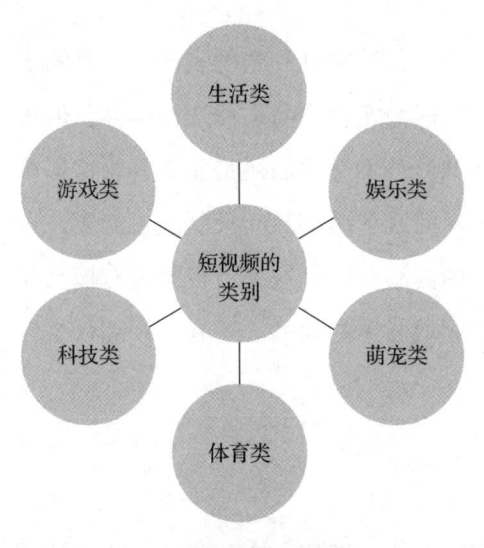

图 1-2　短视频的类别

1. 生活类

生活类通常又有以下几种细分：情感、美食、安全、生活小技能。这类短视频通常拥有不少受众。观众通常想要在这类视频中学到一些平常不知道的生活小技巧，虽然在一些视频中学到的东西可能很长时间都用不到，但是在与朋友的闲谈之中，可以将这类视频中讲到的东西进行转述，向朋友进行一定程度的炫耀。

2. 娱乐类

娱乐类通常有以下几种细分：音乐、电影、明星八卦、娱乐新闻。这类短视频受众通常会比较广，而且很容易引起一部分观众的共鸣。许多短视频观看者都有自己喜欢的明星，可是从新闻中得到的信息通常没有短视频呈现得立体。还有一种是对电影进行剪辑与介绍，现在很多人没有时间去欣赏一部电影，在有时间以后甚至可能用一两个小时来看一部"烂片"，这时候短视频就可以很好地帮助用户在短时间内欣赏一部电影。

3. 萌宠类

萌宠类通常有以下几种细分：宠物表演、宠物知识、宠物常态。在中国，越来越多的家庭因为宠物的萌态而选择饲养，但是还有一些人因为种种原因而不能进行饲养，不过他们还是非常喜欢这些萌萌的动物。视频创作者将萌宠的可爱瞬间或者搞笑瞬间录制成短视频，这时萌宠类视频可以迅速地击中观看者的内心。同时这种短视频带有极其强大的治愈能力，用户在观看之后可以驱散心中的烦闷。还有一系列科普性的短视频，来传授养宠物的小技巧。

4. 体育类

体育类通常有以下几种细分：体育赛事、赛事评论、体育新闻。随着体育运动在全球的发展，越来越多的赛事纳入了体育直播之中。很多时候人们没有太多空闲的时间去观看常规赛以及季后赛，只会选择去观看决赛。短视频制作者会将比赛中的高光瞬间进行剪辑，然后将视频上传至短视频平台，弥补了漏掉关键的场次或是精彩的比赛瞬间的遗憾。同时，用户也可以通过这种方式避免错过重要的体育新闻。

5. 科技类

科技类通常有以下几种细分：3C、科学小实验、科学创意。随着科技的进步与发展，琳琅满目的高科技产品充斥了我们的生活。例如，在同一时间内可能会有很多品牌、很多种类的手机面向市场，可是有时候在实体店的体验并不一定能带来最真实的评价，很多用户并不知道新款手机里面的具体配置究竟是什么。此时短视频对3C的评测，包括对新配置进行详细的讲解，可以很好地帮助用户进行挑选。同时，在这种短视频分类下也会有很多有意思的科学创意，人们可以看到一些在日常生活之中见不到的新奇事物。

6. 游戏类

在游戏类中通常有以下几种细分：竞技游戏、创意游戏、网络游戏。在观看短视频的用户之中有很多都是游戏玩家，这一类别的短视频吸引了许多的用户观看。用户可以通过这类短视频学习到高手的操作技巧，或者是一些游戏通关的方法，视频制作者也会制作一些精彩集锦与玩家分享。

通过以上分类，短视频的创作者可以选择自身优势领域进行创作。同时，在平台后台通常可以看到数据概览以及粉丝画像等一系列数据，可以给短视频创作者在细分领域进一步提供帮助。

四、短视频营销

目前，传统的营销手段已经不能满足当今时代的发展。随着短视频生态的日臻完善，短视频已经成为越来越多品牌进行推广营销的首要选择。然而，要想把短视频创作和运营工作做好并非易事，除了要找到正确的市场发展趋势，对短视频创作以及运营内容的严格把控外，短视频创作者还要知道观看者究竟想要什么，这样才可以做好短视频的内容，才能吸收流量，最终实现商业变现。

同时，短视频营销可以实现精准定位与精准营销。在大数据的帮助下，平台会通过用户的观看与搜索记录对观众进行精准的人物画像。通过这一举动，短视频营销较传统营销方式，有了精准的这一特性。

我们在观看短视频的时候，经常会发现视频中所推荐的东西比传统图文形式的营销更有吸引力。在短视频营销中，用户可以通过视频对广告中的产品得到一个十分立体的刻画，不管在哪个方面，都比传统的营销模式更具有冲击力。这种方式也可以帮助营销者在短视频营销中迅速地传播品牌。但是在短视频营销中，个人用户和企业用户还是有些差异的。

1. 核心目标

在进行短视频营销时，运营人员应该注重获取有效粉丝数量以及流量。但是相比来说，个人进行短视频营销与企业进行短视频营销的侧重点不同。个人需要把侧重点更多地放在播放量、粉丝数以及影响力范围方面；但是，企业需要注意曝光品牌以及获取精准粉丝。在曝光品牌方面，企业所创作的短视频需要注重为品牌造势，提高品牌的曝光度，让更多的用户了解品牌，提高对品牌的认知度。在获取精准粉丝方面，企业需要注意精准粉丝以及普通粉丝的区别，获取精准粉丝可以提高企业的销售。尤其是一些电商品牌，它们可以通过推广短视频来获取忠实用户，并且这一部分用户很容易对品牌进行消费。

2. 内容策划

由于个人短视频与企业短视频的核心目标不同，两者在内容策划方面也存在着很大的差别。对于个人短视频来说，创作者需要注重内容的广度与深度。在广度方面，如果创作者可以紧跟热点，则可以获得新粉丝与更多的外部流量；对于深度而言，创作者需要注意自己账号的定位。如果账号输出的质量不高，则无法保证已有粉丝的黏性，很容易导致粉丝的流失。对于企业短视频来说，其应该更多地围绕企业品牌进行宣传，例如实现品牌和产品的软植入，通过一些热点事件或者有意思的故事来进行品牌和产品特色的展示。另外，需要通过内容策划并确定短视频的内容，通过这种方式来进行内容宣传渠道的选择。

专栏 1-1

小豹 AI 音响：利用短视频杀出重围

1. 企业简介

小豹 AI 音响由猎豹移动推出，是一款 AI 智能音响。产品的开发公司猎豹移动是原金山安全和原可牛影像公司合并成立的公司，不仅拥有金山迭代多年的行业领先的信息安全技术，还有可牛影像的互联网思维商业模式。企业目标是为全球的移动互联网用户提供更快速、更易用、更安全的移动互联网体验。

2. 多角度的短视频广告

家中有一台 AI 智能音响，可以提高生活品质和精致度。AI 音响不仅能播放音乐，还能提醒你接下来要做什么，甚至它还是一个不错的聊天对象。小豹 AI 音响就是这样一款产品，在产品质量得到保证的情况下，就需要进行广告促销了。作为新型科技产品，受众肯定是以年轻群体为主，所以短视频平台成了最好的广告渠道。

猎豹 AI 音响最终选择在京东和天猫两大互联网电商平台销售，销售渠道也符合年轻群体的偏好。而在发售前的曝光环节上，为了增加市场认知，提升产品关注度，猎豹移动选择了通过短视频关键意见领袖（Key Opinion Leader，简称 KOL）进行宣发。不同的 KOL 围绕着不同的产品卖点，包括音质、AI、音频资源和价格等，再根据自身内容特点，进行了针对性的广告制作。目标用户则设定为重视娱乐功能的年轻人，这些用户习惯在家中使用音响进行娱乐活动，有着音乐爱好。通过这种方式，小豹 AI 音响很快地通过母婴频道、搞笑频道、游戏频道和情感频道等，宣传给了大量具有潜在购买意愿的用户。

小蛋黄 Omi 的视频围绕着如何用小豹 AI 音响疼爱男朋友展开。丢丢 Miami 则将小豹 AI 音响的使用场景设定为家庭日常生活，利用小豹 AI 音响营造出了十分和谐的家庭氛围，表现出了产品对家庭环境的作用。周玥则使用了另一种方式，将小豹 AI 音响用于解决情侣异地恋不能相见的问题，使音响成了联系情侣的情感纽带。王耀辰通过小豹 AI 音响哄女朋友，解决了世纪难题。王圣锋用小豹 AI 音响解决单身人群无人聊天的情况，塑造了产品的科技人文关怀形象。

5 个视频所设计的场景都是用户在日常生活中可能出现的，并且在各个场景所展示出来的卖点都恰到好处，都可以很好地激发用户的购买欲望。在正式上市前，先用短视频广告进行宣传造势，将流量引导至产品。根据数据统计，小豹 AI 音响视频在多个平台的总传播量达到了 9989.7 万次，表明广告的效果非常好。最终在京东开售的前十分钟内，销量就达到了 5000 台，成为当时同品类产品的一个奇迹。

3. 结论与启示

短视频作为一个广告载体，有着多种多样的广告推广方式。在消费者对广告要求越来越高的今天，高品质的广告显得越发的重要。短视频传播方式简单，是很好的广告载体，将广告与短视频相结合，可以使产品获得更有效的推广。

（资料来源：笔者根据多方资料整理）

五、短视频营销的优势分析

随着近年来科技以及社会的发展,移动互联网行业已经在中国有了不可撼动的地位,短视频营销也逐渐取代了传统的营销方式。各大商家已经慢慢地在互联网上找到了新的营销手段。对于短视频营销来说,其拥有六个传统营销所不能比拟的优势,如图1-3所示。

图1-3 短视频营销的优势

1. 传播性

对于选择短视频营销的企业与个人来说,传播性一定是最具吸引力的一点。从现在各大热门的短视频平台中,我们可以清楚地发现短视频营销模式与传统营销模式在传播速度上的差距。利用互联网这一工具,短视频将信息像病毒一般传播到了各个用户手上。只要短视频的内容出奇,那么用户就会自发地在各个平台上对其进行转发。同时,短视频依靠短的特性,在这个快节奏的社会中占据了人们的碎片时间。

另外,短视频的这种模式比传统营销模式有更高的原创性。在网上我们很容易发现盗图以及复制文章的情况,但是在短视频中,视频创作者可以对视频加上属于自己的元素，通过这种方式也可以更好地保障创作者的利益。

2. 低价性

与传统营销方式相比，低价性也是短视频营销不容忽视的一个特点。对于传统营销来说，其在营销过程中的人力成本以及其他成本都是非常高。而对于短视频营销来说，只要你拥有一部移动设备，就可以进行一些基础的短视频创作。同时，传统门店可能需要支付大量租金，而对于短视频营销来说，在各个平台入驻相当于是零成本。

3. 可视性

对于传统营销方式来说，营销方可能得不到准确的数据，其传播效果以及范围皆是不可视的。而对于短视频营销方式来说，各大平台皆有精准的后台数据采集，在营销过程中可以对后台采集的数据进行精准的分析。短视频创作者可以看到短视频的点赞量、评论量、转发量以及收藏量等数据。同时，平台也会根据数据对观看者进行精准的人物画像。这种方式不但可以帮助创作者获得精准的数据，并且也可以及时地对营销方向进行调整以及优化。

4. 持续性

在短视频平台中，用户看到的视频可能并不是当天或者最近发布的新视频，甚至有可能是在很久前发布的。这种现象发生的原因是平台会根据对观看者的人物画像来进行视频推荐。这一现象也反映出了短视频营销的持续性。如果视频创作者创作出了一个非常受欢迎的短视频，那么这个短视频就会被持续地推送到观看者的应用之中，或者被推送至对这个领域视频感兴趣的用户之中。对于传统营销来说，如果想让品牌的广告持续播放，那么品牌可能要持续地投入广告资金。而短视频受到这方面的影响就很小了。

5. 互动性

在短视频营销中，互动性也是不可忽视的一部分。在传统营销中，企业与顾客之间的交互可能很难落实，有时会因互动不及时而导致营销失败。但是，在短视频营销中，营销人员可以很容易地在平台上进行互动，通过短视频评论、个人私聊等方式，可以轻松地进行双向甚至多人之间的沟通。通过这种方式可以收到对产品的一系列反馈，然后及时对产品以及服务进行调整。

6. 精准性

无论是传统营销还是短视频营销，营销的精准性永远都是十分重要的一环。相对于传统营销，短视频营销可以利用大数据以及机器学习而拥有更高的精准性。在各大平台技术迭代的今天，短视频创作者可以清晰地看到平台对用户的刻画，从而进行精准营销。同时，根据当下短视频平台的特性，短视频营销可以很容易地获得黏性较高的粉丝，因为大部分短视频平台的搜索权重较高，在短视频受到关注时得到的多数是黏性较高的粉丝。

> **专栏 1-2**
>
> ## 李佳琦：利用短视频持续热度

近年来，"口红一哥"李佳琦凭借"Oh my god""买它就对啦！"等一系列言论而走红了全网，为什么一个美妆博主能在业内屹立不倒呢？这就要看李佳琦及其团队在这两年利用短视频来维持热度更新了。

1. 个人简介

1992 年在湖南省出生，本科毕业于南昌大学舞蹈专业的李佳琦并没有想到自己会建立起如此之大的一个 IP。在刚刚毕业的时候，他只是在商场当一名"柜哥"，向买东西的人推销商品，因此积累了大量关于美妆方面的知识与经验。在一次机缘巧合之下，一个直播平台以6000元工资为条件让他进行直播。刚开始做主播的李佳琦进展并不顺利，直播间粉丝稀少，销售战果寥寥无几，压力巨大，生病暴瘦，与其他主播差距明显，这都一度让李佳琦想要放弃。所幸的是，李佳琦在之后的直播中获得了巨大的收获。职业生涯之初，李佳琦白天担任彩妆师的工作，晚上下班后才开始直播，一人独自负责产品文案写作与货物整理等所有工作，工作时长超过15个小时。通过努力，他在淘宝内收获粉丝超过10万，成了年度TOP主播，并且被江苏师范大学聘为淘宝写作与传媒课程讲师。可是他并没有满足于此，在身体状况并不好的情况下仍然坚持直播，并提供优质的直播。在2017年"双十一"，其粉丝首次突破1000万人，之后其又在抖音上收获了超过1500万的粉丝。最厉害的时候，他开播五分钟销售了15000支口红。

2. 短视频营销维持热度

很多人都觉得李佳琦的成功只是一个偶然，但事实并非如此，一个人能够在一个领域达到持续几年的成功，那一定是做了许多的努力。

开始在欧莱雅当"柜哥"的日子，帮助李佳琦积累了许多的美妆知识，为他之后的成功打下了良好的基础。在构建IP的时候，如果创作者没有在领域之内做有深度的分析，那么后期推广的时候一定不会有很好的效果。同时，美妆类领域与其他领域不同，在进行带货的时候，消费者购买的商品都是要用在自己身体上的，如果创作者不能很好地回答观众的提问，就很容易导致粉丝的流失。同时，如果推荐的东西观众不受用，粉丝的热度就会逐渐变低。对此，李佳琦不仅用语言解答粉丝的疑问，同时也将推荐的美妆类产品在自己身上与小助手身上进行了试用。

在李佳琦爆火之后，其并没有只进行直播这一单一方式的营销。随着短视频的爆火，李佳琦在各大头部短视频平台上开启了自己的账号，并创作出了许多高质量的短视频。这种短视频营销方式使李佳琦获得了更多的粉丝。制作短视频时，除了内容的深度与对内容的持续输出，李佳琦同样使用了标签化的方法。许多人在谈到李佳琦的时候都会瞬间联想到他那夸张的"Oh my god"与"买它买它买它！"这种洗脑式的风格也成了李佳琦特有的标签。同时，短视频平台也提供了他在短视频中推荐商品的链接，观看视频的用户可以通过短视频平台直接购买其推荐的物品。这种营销方式，使李佳琦不仅在短视频平台上进行了再度推广，也获得了更多的收益。

3. 总结

在李佳琦成功的背后，有着许多值得学习的地方。他在直播爆火之后并没有选择继续进行这种单一的方式营销，而是选择了更为火热的短视频平台再度进行推广。而短视频营销这一方式也帮助李佳琦维持了热度，并且将他的创作传播给了更多不看直播的用户，这一方式也帮助他获得了更多的收益。

（资料来源：笔者根据多方资料整理）

第二节　短视频行业

越来越多的个人以及企业发现了短视频发展的前景，于是纷纷下海想要在短视频中分得一定的利益。但是，因为短视频爆火的根本原因以及社交手段的升级，短视频也需要随着社会的发展而进行升级。本节我们讨论短视频的发展方向以及发展中可能遇到的问题，同时也提出一些解决这些问题的方法。

一、短视频行业的发展方向

从短视频的发展中我们可以看出，短视频爆火的根本原因是人们对于它的潜在需求。但是在现在的社会，社交手段慢慢地进行了升级，短视频也需要随着社会的发展而进行升级。目前，短视频行业仍然处于飞速上升的阶段，综合来说，短视频行业有以下几个发展方向，如图1-4所示。

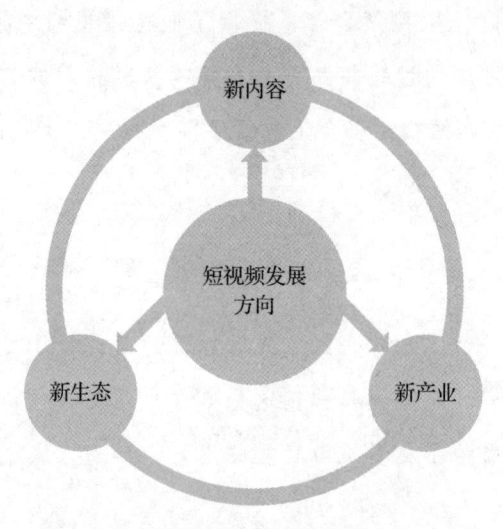

图 1-4 短视频的发展方向

1. 新内容

当今互联网领域的人应该会频繁地接触一个词——新内容。新内容是指新媒体作品的表现、意义及审美价值，以及在表达、生产、传播与消费上对传统内容的颠覆和重构。"新内容"既是一个创新的概念，也是一个发展的概念。

新内容的"新"，不仅仅是内容上的新，同样也是内容传播方面的新、对内容消费的新。随着科技的创新以及进步，呈现内容的方式也变得越来越多。短视频现在已经改变了曾经的展现形式，新内容在短视频这一方式下可以十分容易地传播与分享。同时，新内容也不断地在向垂直化、个性化以及社交化的方向发展。

对于垂直化方向，目前占据短视频内容较大份额的幽默类、故事类节目虽然拥有很大的流量，但这种泛娱乐化的策略往往导致内容趋同，变现困难。因此，垂直细分市场是未来短视频平台发展的必然趋势。例如，音乐类短视频可以从风格上细分为古典、嘻哈、流行、摇滚等，也可以从内容上分为乐器教学、乐理知识学习、音乐点评等。

在个性化和社交化方面，短视频完成了内容平台和社交平台的融合。与此同时，个性化配送与社会化配送的融合也在同时发生。短视频用户既是内容消费者，也是内容生产者。短视频的新内容还处于动态发展过程中，其内涵和外延还在不断完善，用户对内容的认知也将不断变化。

2. 新产业

随着短视频在新内容方向的发展，其对互联网行业的生态方面也产生了一定的影响，互联网新产业也从中诞生。在当下，短视频已经不只是内容产品，它同样也是服务产品、关系产品。短视频凭借其独特的特点，成了社会化传播和数字化营销的新宠，进而成为互联网产业中的新业态。与此同时，短视频行业也需要升级换代。

首先，短视频行业已经越来越重视原创的重要性。当各大巨头在短视频行业布局之后，竞争变得越来越为激烈，同时行业的红利也不再像前些年那样巨大。原创、优质的垂直内容便成为短视频行业关注的重点，部分门槛较高的垂直领域细分市场有待内容生产者的涌入和资本市场的青睐。

其次，许多传统媒体也在渐渐地与新兴媒体进行融合。一方面，广播电视媒体立足公信力和权威性，依托优势资源，面向用户需求提升短视频创作质量，拓宽短视频的内容展现形式，打造既专业又接地气的短视频产品，并通过自建平台、第三方短视频平台等渠道进行分发和导流，以进一步扩大广播电视的影响力。另一方面，广播电视媒体积极进驻短视频平台，收获了大量用户。

最后，切换到新模式。对于一些经济附加值较高的内容，短视频平台可以采用内容付费的方式，结合智能移动终端的定位系统和场景识别功能进行端口接入，并连接相应的电商平台进行付费，这种基于内容的变现模式比流量变现更先进、更健康、更持久。

3. 新生态

短视频在发展中同时也影响到了新生态。在短视频发展中，技术、媒介、各大短视频平台以及背后的资本结构都成了结构性力量。我们可以在短视频对互联网行业以及其他行业的影响中发现这些结构性力量。

首先，"短视频+"的模式已经在互联网行业中进行了渗透，我们可以在互联网行业中轻松地见到这种模式。这种模式现在已经成为推动内容传播、构建垂直社群和创新商业模式的利器。

其次，短视频全面嵌入各行各业的传播系统中。例如，短视频电商已经成为电商平台和卖家扩大销量、增加收益的重要推动力量，短视频所打造的"网红"也有力地助推着农产品的销售。

最后，短视频已经深入更多的领域。短视频作为更加符合移动互联网用户触媒习惯的视频内容形式，在内容和功能上具有很大的发展空间。基于各类互联网平台的产品功能、用户群体，以及短视频内嵌需求的差异性等，都赋予了"短视频+"不同的发展土壤。政府的监管、平台的自律、民众媒介素养的提高等因素都在影响着短视频的发展和互联网生态的重构。

二、短视频行业的发展困境

虽然短视频的发展拥有十分广阔的道路，但是其入场门槛较低，在发展中同样有着一定的困境，如图1-5所示。

1. 内容

因为短视频传播的特性，很容易造成低俗文化泛滥，甚至会传播一些并不正确的价值观。如果短视频创作者没有良好的正面导向，很容易对社会产生一些不好的影响。

图 1-5 短视频的发展困境

首先，由于受时间限制，有些短视频创作者为了在规定的时间内吸引更多的关注，会用低俗的视频来吸引观看者的注意。同时，由于短视频的进入门槛较低，创作者只需要使用一部手机就可以进行创作，如果没有正确的引导，短视频行业很容易产生"低俗化"，在许多短视频平台中都可以看到一些土味情节。其次，由于即时上传的特点，一条短视频从出现到爆火可能只需要很短的时间。同时由于短视频传播的特性，在其他社交平台也会帮助短视频进行一系列的传播。如果发布的内容价值观有问题，则会对社会造成一定的不良影响。

2. 同质

随着短视频行业这些年来的发展，越来越多的短视频创作者以及平台出现在了这个领域，随着这一情况一起发生的则是平台的同质化以及视频的同质化。

随着短视频平台越来越多的出现，各个平台之间的运营模式、风格定位、界面设计、推广内容等越来越类似。各大网络巨头接连入场，关于短视频的各类APP也接连出现在了市场之中。但是，尽管短视频APP的量在提升，可是各个软件之间却大同小异，关键的模式并未发生改变。从现在的短视频巨头快手、抖音等平台中我们可以发现，其运营模式多以"发起挑战""热门头条"等作为主要的模式，但是并未拥有本质上的区别，软件很难通过这种方式来构成辨识度。这就是平台同质化。

对于视频同质化，则是现在短视频创新力的问题。如果在短视频平台上有一个视频突然爆火，那么在接下来的几天你就会发现，短视频平台上上下下都是类似主题风格的视频，这些类似视频的制作者希望复制另一个成功。同时，短视频平台上火热的主体多以萌宠、美女帅哥、搞笑等类型为主，抄袭主体等比比皆是。这种现象看似显示了短视频平台的火热，实际上对内容原创有着很大的影响，慢慢地短视频将无法满足用户内心的根本需求。

3. 技术

在短视频平台中，监管也是极其重要的一环。但是，随着短视频发布量的迅猛增加，很多时候监管很难得到一定的保障。这对短视频平台的监管力度以及后台技术保障则提出了更高的要求。

由于短视频的特性，其传播速度非常快，审核难以全面覆盖。同时，在短视频发布之后，人们可以通过其他的社交平台对短视频进行更多的传播。即使平台对视频进行了删除，但是视频同样会通过其他平台进行传播。如果短视频平台的监管技术不能随着短视频的规模同时进行升级，则会对短视频的发展造成难以估量的后果，同时也会对社会造成不良影响。

4. 效益

当通过持续输出优质的短视频内容积累起大量人气时，短视频创作者就要考虑对视频号所积累人气的变现形式了。但是，很多时候短视频创作者对于流量的变现形式没有一个清楚的认知，导致即使有很多流量却没有很多收益的情形出现。如果找不到一条清晰明朗的变现之路，那么短视频的发展就会很快走进一条"死胡同"。

三、短视频行业的发展对策

如果以上的发展困境持续存在，那么对短视频行业的发展是极其不利的。要想让短视频行业走出以上的困境，短视频平台以及短视频创作者就需要综合短视频的发展方向与短视频的发展困境进行一系列的综合性考量，并做出相应的对策。在此列出一些对短视频发展较为适用的对策，如图1-6所示。

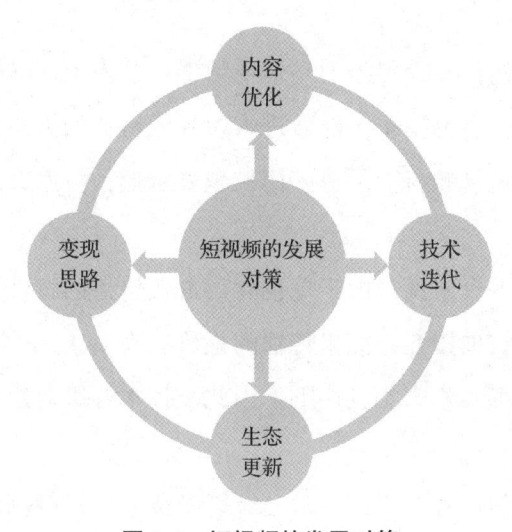

图 1-6 短视频的发展对策

1. 内容优化

短视频内容的问题，已经成为当下短视频行业需要优先考虑的一个点。当短视频在新内容方面进行发展之后，平台以及短视频创作者需要对内容进行优化与升级。在短视频向垂直化、个性化以及社交化方向发展的同时，如果仍保存着现在的内容形式，那么很难在发展的道路上走得很远。

首先，短视频创作者需要注意垂直细分。现在泛娱乐化的策略导致了平台上的短视频大同小异，用户在观看之后很容易感到审美疲倦，并且无法达到相应的心理预期。垂直细分市场是短视频发展的必然趋势。

其次，短视频创作者需要注重原创的重要性。如果短视频无法输出持续的且原创的内容，则不能带来持续的粉丝增量。这会对短视频行业的发展带来十分不良的影响。

最后，短视频创作者需要注意法律法规的要求。由于短视频的传播性，如果视频制作者不能进行内容的正向输出，那么很容易导致视频被下架甚至更严重的后果。

2. 技术迭代

此处的技术迭代不仅仅指的是短视频平台技术上所需要的升级，同时也是对短视频创作者的要求。随着进入短视频行业的人越来越多，同时科技上的发展也让短视频行业的进入门槛越来越低，技术升级成为十分重要的一环。

对于短视频平台来说，由于短视频病毒式传播的特性，审核在很多时候难以达到全方位的覆盖。如果传播的是价值观不正确的短视频，那么对行业发展和社会都会带来不良影响。因此，技术升级对短视频平台来说尤为迫切。

对于短视频创作者来说，技术升级可以帮助短视频创作者进行更高层次的创作。随着社会的发展以及各种新兴技术的普及，AR、VR以及无人机等技术已经慢慢地在短视频行业进行普及。当短视频行业与新兴技术融合之后，短视频的内容也会得到一定的升级优化。在充分利用新兴技术之后，短视频的质量也可以提升一个台阶。这一步同样可以与内容优化组合，利用技术达到短视频的内容升级。

3. 生态更新

短视频在发展的同时也影响到了新生态。短视频行业与生态模式进行结合之后，其发展可以步入更宽敞的道路。"短视频+"的模式现在已经在互联网行业中进行了渗透，这种模式可以更好地将内容进行传播。当短视频在与各行业的传播系统融合之后，生态将会达成更新升级。艾媒咨询数据显示，37.3%的用户愿意采用短视频代替文字交流。

当短视频渗透到各个领域时，也会更加符合移动互联网用户催化习惯的视频内容格式，在内容和功能上都有很大的发展空间。各种互联网平台的产品功能、用户群体以及短视频嵌入需求的差异，赋予了"短视频+"不同的发展土壤。政府监管、平台自律、媒体素养提升等因素都在影响着短视频的发展和互联网生态的重构。

4. 变现思路

短视频创作者需要找到短视频变现的有效途径，获取短视频的商业价值。在短视频发展的道路中，如果不能精准地将短视频所带来的流量变现，那么一切都只是空谈。

现阶段最常见的变现方式有内容电商、商业广告、内容付费、平台红利以及加入MCN机构。短视频创作者一般会选择一种或者多种相结合的方式进行流量变现。但是，在变现过程中也会遇到方方面面的问题。只有解决掉变现过程中的这些小问题，短视频的发展才可能走出困境。同时，当MCN机构逐渐走向正式化之后，流量变现才会变得更加容易。

第三节　短视频营销的亮点

在短视频营销中，用户通过视频可以对广告中的产品得到一个立体的刻画，不管在哪个方面，都比传统的营销模式更具有冲击力，这种方式可以帮助营销者在短视频营销中迅速传播品牌。下面我们来看看短视频在营销中有哪些亮点。

一、短视频的价值

在短视频营销的优势分析中,我们已经谈过了短视频营销较于传统营销的六大优势:传播性、低价性、可视性、持续性、互动性与精准性。因为这六点特性,我们会发现短视频行业拥有着无限的价值。同时,我们可以从以下五点对短视频的价值进行进一步的分析,如图1-7所示。

图1-7 短视频价值

1. 记录

从当前的两大短视频巨头抖音与快手的广告语中我们可以发现(抖音:记录美好生活;快手:记录世界,记录你),记录是短视频最根本的价值,用户可以使用短视频来对自己的生活进行记录,将生活中美好的、有意思的事情用视频的方式记录下来。短视频用这种方式满足了许多人的心理诉求。短视频拥有文字以及图片所不具有的立体与直观,人们可以在很久之后看到当时究竟发生了什么,这可能是短视频对很多人来说最大的价值。

2. 传播

在这个快节奏的社会中,人们可能很难有一整块的时间来进行学习或者阅读。而短视频的特性可以很好地帮助人们用碎片化的时间来学习一些新的知识。从抖音的年度报告我们可以看到，知识类的短视频在2020年有着超过1700万条的发布，而每一条的播放量基本都超过了20万。同时，一些涉及中国传统文化的短视频也被上传到了短视频平台。通过短视频平台，我国的一些国粹以及平常不被人所知的东西也被进行了推广。这种方式帮助我国成功地进行了文化的传播。企业可以通过短视频平台进行营销活动，以内容与创意触达消费者，实现产品营销与品牌传播的目的，创造出更多的商业价值。

3. 引流

短视频的价值同样还可以体现在为产品引流上。不管是对虚拟经济还是对实体经济，流量在很多时候都掌握了它们的命脉。如果一个店铺没有足够的流量，那么它可能就很难在这个社会中生存下去。作为现在有着超过8亿用户的短视频平台，其可以提供的流量拥有着不可估量的价值。当商家愿意用商品或店铺与短视频进行结合，并进行一定的营销推广时，就能够获得许多的流量。这样有助于经济得到更好的发展。

4. 公关

短视频的价值还可以体现在公关上。个人、企业与组织可以通过短视频的方式来展现自己所要变现的东西，并通过短视频平台与外界进行沟通。传统的公关形式通常是利用新闻稿以及微博等形式，但是文字形式很多时候会与外界有距离感，短视频的形式可以将这种距离感给尽可能地缩小。同时，当出现了一些问题之后，公关团队可以使用短视频的形式对外界进行发声，同时利用评论等方式进行一系列的答疑。

5. 帮扶

短视频同样也可以为我国经济不发达地区的发展带来价值。许许多多的经济不发达地区，有着文化底蕴以及优质无公害的农产品，但是限于过去信息闭塞，导致这些地区的发展十分缓慢。但是，短视频的出现为这些地区提供了与外界进行沟通的形式。丁真的出现帮助了四川理塘县获得了巨大的流量，并帮助该地区获得了巨大的收益，为经济不发达地区的发展提供了许多参考。

专栏 1-3

快手：短视频平台中的巨头

"嘿！老铁，点个赞呗。"这句话不知道你有没有听到过，这句话的出处正是快手。短视频发展到现在，快手稳稳地占据了短视频播放平台的下载量前二。截至2020年6月，快手每天的总活动量已超过3亿，1～6月小剧场增加到2040亿的播放量。2021年上半年，快手的短视频类型占比为29.8%，越来越多的普通人加入快手来分享他们对生活、对世界的态度。

1. 公司简介

GIF快手视频于2011年3月问世，最初是用于制作和共享GIF照片的应用程序。2012年11月，快手视频从纯粹的专用工具转变为短视频娱乐，这是一个供用户记录和分享生活的服务平台，人们可以使用这个平台来分享与记录自己的生活。随着短视频行业的兴起，GIF快手正式改名为快手，并且正式将服务范围改为短视频平台。

2. 独特的内容模式

快手的成功取决于与其他短视频平台的不同。同类的短视频平台多是一个个短视频对用户进行推送，而在快手上用户可以在主页中同时看到多个短视频。通过这种方式，当用户使用快手的时候就可以选择自己感兴趣的内容来观看，这点就比抖音直接许多。快手观看视频的流程是：打开快手，选择视频，点击进入播放观看。同时利用大数据的算法，达成千人千面。快手会根据用户的观看发展趋势或评论的视频类型，准确计算其个人兴趣和爱好，并立即给用户推荐许多相似的内容。当用户想要观看视频时，可以同时进行评论。此时，视频会停止，不必担心由于评论而错过视频内容。相反，在抖音看评论的情况下，视频是仍在播放的。当遇到不感兴趣的内容时，对于快手，点击视频播放页的上方第二个按钮就可以进行不感兴趣设置。相较于抖音，在快手中会让用户选择不感兴趣的原因，如作品质量差、看过类似作品、不看该作者、作品引起不适，这样有利于优化对用户的推送，也可以给视频作者提供建议与警示。除此之外，快手上没有明显的广告痕迹，这也是快手界面内容的一大特色，完全以用户为主，不做短视频广告推送。这对不爱看广告的用户来说是一大福音，也彰显了快手重视用户体验的特点。

快手平台简单且易于使用。在网页布局方面，快手视频只有三个主要程序模块：关注、发现和同城。视频内容基于信息内容的瀑布流方法，几乎没有其他信息内容，网页简洁明了。在操作步骤上，门槛低，便利性高，投递及时，拍摄愉快；就互动方式而言，交互成本非常低。一键关注，双击并及时点赞等交互方式，不仅具有较强的可执行性和个性化，而且用常用的"双击666"营造出很接地气的氛围。此外，快手还有许多隐藏的功能，不仅简化了界面和操作，而且还具有探索性和可玩性。

快手不会与名人签约，也不会成为服务平台或支持点。在争夺焦点资源的互联网时代，领导者仍然拥有大量的信息内容优势，领导者的影响力不但没有减少，反而有所增加。快手视频是面向内容的轻量级视频，视频信息内容将立即以流式布局显示。所有的视频都很人性化，不偏向任何一个频道栏，在技术上是专业且有组织的，维持使用价值的中立标准，不需要故意操作和指导原始创作者。只要视频内容在标准之内，就可以给予它们公平的权利，所有用户或所有作品都有机会被曝光。

3. 快手的价值

快手曾经用"老铁经济"来形容独特的商业生态系统：内容、粉丝和商业。快手的发展起源于内容，从最早的GIF动图到后来的短视频再到直播，内容始终是它的基石之一。这就形成了快手与其他平台最大的区别之一：不仅仅是单纯的内容，内容与背后的人密切相关，每个类别最终都指向手机用户。在使用快手的时候，利用其算法可以基于人格属性的社会关系来对用户进行分析，从而带来商业转型的高效率和长期的商业价值。快手公开的招股书显示，快手电商的整体回购率达到了60%。

4. 总结

快手记录了普通人的点滴生活，让每个人都有机会被大家看到。现在，我们可以在快手上拥抱各式各样的生活，因为目前，无数人都是在快手上冲破时空，走进彼此的生活。快手是中国通过满足中小城市和农村地区需求而快速发展的最好代表。不仅如此，其他互联网公司也逐渐看到了短视频市场的价值，并开始从开放市场中获益。同时，快手也正在不断往别的方向探索。

（资料来源：笔者根据多方资料整理）

二、短视频的效能

效能指的是使用行为目的和手段方面的正确性与效果方面的有利性。在短视频营销中，我们会发现其效能相比于传统营销以及长视频营销有着更高的效能。下面，我们从注意力、形式灵活、吸引参与三个方面来分析短视频营销的效能为什么比传统的营销方式更高。

1. 注意力

在短视频营销过程中，用户可以用更短的时间来获取内容。在这个整体节奏较快的社会中，用户很难用长时间来观看视频。而短时间的内容更容易吸引他们的注意力。用更短的时间做出更有效率的传播，这就是短视频效能如此之高的关键之处。

2. 形式灵活

很多人会认为短视频营销并不像传统营销方式那么灵活多变，其实不然，其简短的形式在内容以及样式上提供了很高的灵活性。其一，创作者可以在短视频中以不同的方式来进行营销。其二，较长的视频需要更多的内容和更规范的结构，而简短的视频可以专注于单个主题。其三，短视频使创作者有机会尝试不同的样式和概念，在为受众提供多样性的同时仍提供所需的信息和娱乐。

3. 吸引参与

短视频在社交方面同样有着举足轻重的地位。现在的主流短视频平台如抖音、快手等，都通过互动式创作分享营造出了浓郁的社交氛围，这种方式也使短视频营销可以吸引高黏性用户。在创作者进行短视频创作之后，其可以获得实时的评论，短视频创作者也会在评论区先给观众留下问题或者疑问。现在的短视频用户在观看完视频之后通常会点开短视频的评论区，在看到短视频创作者的留言之后通常会积极参与。这种方式使短视频可以更好地吸引用户，使营销拥有了更高的效能。

三、短视频的说服力

随着短视频用户增量以及短视频的种类与数量的爆炸式增长，其质量与影响力经常受到外界的质疑。早些年人们看到短视频的内容会觉得非常的新奇，但是近年来却有了很多的质疑声：这个短视频究竟是不是真的？他们是不是在摆拍？所以，说服力成了短视频是否能够成功与带来影响的一个关键因素。而决定短视频说服力的因素通常是内容和立意两点，如图 1-8 所示。

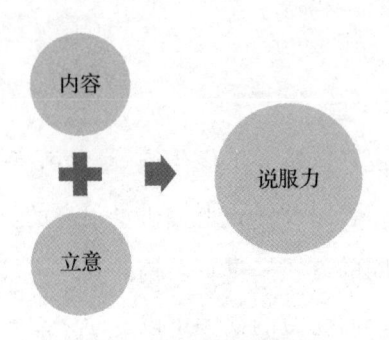

图 1-8 短视频的说服力

短视频的说服力在很多时候不仅仅取决于拍摄场地以及所使用的音乐等，人们最关心的还是你创作出来的短视频，"其思想含量决定了这件作品的深层影响力"。我们从很多爆火的短视频中可以看到一些共性，那就是短视频大多让人们感受到了"深度"和"温度"，而这两点是内容的核心。我们谈到的"深度"指的是短视频所含有的内核，其内容如何在根本上影响到了短视频的观众。如果短视频没有一定的思想高度，那么这个短视频就可能没有特别深的意义。同时，我们谈到的"温度"指的是短视频在一些细节上所做的优化，使其可以通过这些细节来感染观众。当短视频将"深度"与"温度"加以融合之后，其内容就有比较强的说服力了。

同时，短视频的创作也需要注意到为什么要制作这个短视频，这就是短视频的立意。短视频的立意也同样影响着短视频的内容。很多时候，创作短视频的目的是进行推广引流，那么在此时短视频的创作者一定要将其立意重心放在消费者的身上，不能只是为了营销而制作短视频，而是需要在一定程度上为消费者考虑，将优质的产品进行推广，此时的短视频才具有更高的说服力。

综合以上两点，当使用短视频进行营销时，一定要注意短视频的"深度"和"温度",并在保证以上两点时注意视频的立意。即使短视频以十分朴实的方法进行创作,甚至没有用到特别多的特效和背景音乐,也能让短视频具备极高的说服力。

第四节 短视频的主力渠道

一、抖音

随着生活节奏的日益加快,短视频迅猛发展的趋势已经难以阻挡。在这场颠覆性的视频革命中,抖音虽然不是最早的入局者,但其发展速度和规模,却是短视频行业中毋庸置疑的领先者。

一提起抖音,相信很多人都耳熟能详。尤其在一、二线城市,抖音短视频是大多数年轻人的不二选择。面对为数众多的活跃用户和规模可观的流量,很多品牌商入驻抖音显然是不用思考太多就能做出的决定。

2016年,抖音上线。这种用短视频记录自己生活、工作的方式,马上就受到了年轻人的追捧。短时间内,抖音用户量激增,用户发布的视频内容也越来越多元化。在这个平台上,不仅有音乐、健身、制作美食等生活片段的记录,也有图书、服装、美妆等各种营销视频的身影。

抖音之所以比更早进入短视频行业的快手更快风靡市场,原因在于抖音的用户主要是一、二线城市的年轻人,他们有更多的机会接触智能手机,也更容易接受新鲜事物。当一个个有趣、新潮的视频出现在这个平台上时,年轻受众显然更容易受到吸引,也更愿意在此记录自己的生活,展现自己的特长和优点。

抖音平台上各种炫酷音乐,也让众多的年轻人为之着迷。用抖音拍摄短视频,操作简单,容易上手,而且可以随自己喜好制作好玩、炫酷的视频,任何人都可以在短短15秒的时间内做出一部自己的作品,既节约时间又充满乐趣，这一点是其他短视频平台未曾做到的。在这样的前提下，数以亿计的用户活跃在抖音平台上进行交流和互动。无形之中，流量迅速增加，为实现流量变现奠定了坚实的基础。

在抖音平台上，商家可以做品牌营销，通过积累流量建立品牌的流量池，实现扩大品牌影响力和迅速增加销量的目的。为了实现这一目标，商家要抓住年轻人的心理，以新潮、绚烂的形式去展示自己的产品，用年轻人能够接受的方式展现品牌的核心价值。这一点是必须遵循的准则之一，也是商家赢得客户、实现流量变现的前提条件之一。

另外一个值得关注的重点是，抖音平台上用户间的相互推荐是流量迅速增加的有效手段之一。仅仅一个点赞，对于商家来说意义并不大。商家需要的是客户的持续关注，在客户关注账户的前提下，商家发布的每一条视频才能被顺利地推荐给客户，让客户点击和观看。这样一来，商家才能与客户更好地沟通，持续影响客户，乃至将潜在客户转化为忠实客户，最终实现流量变现。

二、快手

在抖音火爆之前，快手已经涉足短视频领域。早在 2011 年，"GIF 快手"就已经诞生。只不过，它当时只是一款制作、分享 GIF 图片的简单应用。到了 2012 年，快手正式进军短视频行业，尽管它并未出现爆发式的增长，但其在短视频行业的地位不可撼动。

快手的用户，大多集中在三、四线城市，这与快手这个平台的宗旨是一致的。快手成立之初，其定位就是记录真实的自己和生活，以至于我们可以在这个平台上看到许多记录乡村生活、工作状态的短视频。而且，很多视频并没有配乐，完全就是真实状态的记录。这种真实记录的表达方式，让很多刚刚接触快手的人觉得有些难以置信，甚至很多人表示怀疑，觉得是摆拍或者虚构的场景。但是，一旦适应这种记录方式，很多人就会难以自拔地喜欢上它。

在快手平台上，很多人通过展示真实的自己去赢得别人的关注和喜爱，用户也可以找到与自己兴趣相投的人，从而展开更深层次的交流。在这里，用户不必担心自己过于平凡而无法得到别人的关注，因为公允是快手的一个十分重要的准则。在资源配置上，均衡性是这个平台追求的价值观之一。每个人都有相同的机会去赢得关注，无论是刚刚加入的新手，还是拥有众多粉丝的老用户，都会被公平对待，都会获得相同的资源。

在快手平台上，农民介绍农产品的短视频比比皆是，刚开始也许只是一种记录真实生活的方式，但是随着影响力的增加，越来越多的人意识到，这是一个销售农产品的新途径。

快手和抖音的目标群体并不相同，但短视频营销的性质是一样的。它们都是通过视频内容让粉丝产生共鸣，吸引粉丝参与到交流中，通过粉丝数量的增加及流量的不断累积，逐渐形成平台的人气主播。当粉丝数量积累到一定程度后，主播就可以凭借在粉丝中产生的影响力将商品推销出去，从而最终实现流量的变现。

从某种意义上讲，在快手上做视频营销已经成为一种趋势。无论是哪个行业的从业者，无论是从事何种职业的人，都可以在快手平台上做短视频营销。一旦一个人在平台上吸引了足够数量的粉丝，那么推销产品的时候，实现转化就会容易许多。毕竟在粉丝基数足够大的时候，哪怕只有一小部分实现转化，其销量也是十分可观的。这就是短视频营销带来的营销革命，短视频思维带来的改变，是以往的营销方式无法企及的。

三、B 站

抖音、快手等短视频平台大火之后，B 站（全名 bilibili 或哔哩哔哩）

被业内人士认为是最有可能破圈的一个平台。《后浪》宣传片引发热议后，越来越多的企业号和个人营销号开始重新认识B站，并开始入驻B站。

B站不仅是一家综合视频平台，还是现代年轻人聚集的文化社区，更是侧重短视频内容的兴趣平台。其实，短视频从来没有严格意义上的时长划分，一分钟以内是短视频，一分钟以上也可以算作短视频，随着5G时代的到来，短视频不再受到延迟、流量等问题的干扰，反而会产生更多种时长的内容。

2020年1月9日，胡润研究院发布了《2019胡润中国500强民营企业》，B站居第180位。2020年3月18日，B站发布了2019年全年财报：全年营业收入67.8亿元，同比增长64%。

B站是依靠着"二次元"这个圈子变得火热的，刚开始时B站大多是一些二次元视频的剪辑与分享，爆火的多为二次元视频以及一些鬼畜视频，之后渐渐以视频为契机吸引了更多年轻用户群体，成为这些人心目中的精神家园。如今，B站正在让知识从文字时代过渡到视频时代，让每一个创作者通过自己的内容输出，收获精神与经济双重价值。

B站的商业变现模式没有采用传统视频前后贴片的模式，而是采用了游戏、效果与品牌广告、会员、电商等业务模式。可以说，B站的商业模式也是多方面开花，但一直立足的是游戏方面的收入。

2019年，B站的商业模式开始改变。相关信息披露，B站2019年第四季度营业收入突破20亿元大关。其中，广告、直播及增值服务等非游戏业务的发展首次超过游戏业务，占总营业收入的57%。

当站在创作者的角度谈平台的变现优势时，要结合平台发展的阶段以及未来的发展趋势。对于B站而言，它早已不是最初以二次元为主打的兴趣社区平台，早就迈出了向综合视频进军的步伐。而且，我们从它的财报中也能窥斑见豹，发现B站的商业变现模式正在均衡发展，而不是单纯以游戏业务作为核心主打板块，非游戏业务的商业模式才是B站发展的重点。

非游戏业务板块就是以用户的各种兴趣为主打，通过视频化的方式传递价值，以知识化的内容吸引多元化的用户群体观看，让创作者与用户直接产生紧密关系。

对创作者而言，在 B 站多元化的商业变现模式下可以找到收益模式，但最好还是要结合平台的属性和发展趋势，才能让自己的利润越来越多。"流量收益+多元化"变现模式就是在 B 站视频播放有收益的前提下，深耕垂直领域，实现适合平台的多种收益模式。

在 B 站，1 万播放量的收益最高可以达到二三十元（收益高低取决于有效播放量，互动表现中的点赞、关注、分享等数据），依靠流量可以让创作者首先拿到一笔收益，而且 B 站上的很多大 V 的每期视频播放量都可以达到百万以上，依靠流量带来的直接收益，可以帮助创作者解决前期投入的很多成本，专心从事创作。

B 站对创作者给予了很多扶持，如有创作者激励计划、悬赏计划、充电计划、接定制广告、直播打赏等模式，这些模式的参与方法在官方网站都有详细介绍。但是，这些激励方式不能一起参与，而应该有所取舍。比如，当你参与了激励计划按照播放量获得收益后，参与悬赏计划就不会有广告带货的收益。B 站官方的举措，就是为了给单纯做知识类的视频创作者专项扶持，对想通过视频内容变现的创作者也给予了同样的照顾，不管你选择哪个模式都可以获得收益。

创作者初入 B 站时，还是要以专业、优质、垂直的内容立足，通过优质内容带来的流量获益。等到积攒的粉丝足够多，团队可以持续输出优质内容时，再考虑多元化的变现模式。

当前期选择了以流量收益作为自己的主要收入来源时，一定要做出用户喜爱的内容，在自身垂直领域里，最好以"热点+有趣+价值+个人观点"的模式循序渐进地打造精品内容，等到流量的收益成为主要收入来源之后，再尝试拓展其他变现模式。

热点就是围绕当下年轻人追逐的社会、娱乐等领域的热门内容为突破口,将其嫁接到自身的专业领域,给予不同的解读。比如,曾经有一段时间网络上热传演员蔡徐坤打篮球的视频,搞笑领域的创作者以他打篮球作为背景搭配不同的音乐,产生了意想不到的喜剧效果。健康领域的创作者则以这个视频内容为起点,教大家在打篮球时应如何注意自身健康,应该规避哪些错误的动作。

有趣就是不能用一板一眼说教的方式教育、劝导用户,而是以年轻人喜爱、流行的元素将内容趣味化,以年轻用户可以接纳的方式创作内容。在B站上创作要关注年轻人喜爱的流行元素,如弹幕、二次元、嘻哈、鬼畜等,可以将这些元素加入创作内容,采用寓教于乐的方式传递核心内容。

价值就是创作的内容要有一定的深度或者不一样的见解,让用户通过创作者的内容得到知识、做出改变、产生共鸣等,只有拥有价值的内容,才会得到用户的关注。

个人观点非常重要。在B站上从事内容创作,不要只做事件本身的展示,而要用自己的角度、看法给予解释、说明,最好要归纳总结一下传递的观点,让用户清晰明了创作者的意图。比如,在B站上特别受欢迎的"罗翔说刑法",每次都围绕一个热点事件,帮助用户解读其中存在的重要法律信息,以及其中传递的法律价值。

无论是创作者,还是创业者,如今各个平台都不缺少变现模式,唯有抓住平台主推的商业模式,从中找到收入来源,稳扎稳打向前推进,接着再实现多元化的商业模式,才是最正确的前进路径。

专栏1-4

二次元社区爆炸式"破圈"增长

1. 企业简介

哔哩哔哩现为中国年轻世代高度聚集的文化社区和视频平台,该网站于2009年6月26日创建，早期是一个ACG（动画、漫画、游戏）内容创作与分享的视频网站。经过十年多的发展，围绕用户、创作者和内容，构建了一个源源不断产生优质内容的生态系统，B站已经涵盖了7000多个兴趣圈层的多元文化社区。

2. B站的破圈

B站财报显示，2020年实现总营业收入120亿元，要知道2015年B站的全年营业收入只有1.31亿元。换而言之，5年时间过去，B站营业收入暴涨近100倍。更为难得的是，2020年B站营业收入同比增长77%，这个增速为B站上市以来最高，明显高于2018年的67%和2019年的64%。

实际上，更能体现B站已经成功破圈的，是其用户规模的急速扩大。2020年第四季度，B站月活用户2.02亿，同比增长55%，而2019年同期为1.303亿，同比增速为40%；2020年第四季度，平均日活用户5400万，实现42%同比增长。横向对比，在月活和日活用户规模上，B站已经接近优酷。月活用户规模破2亿，总营业收入达到120亿元，从亮眼的各种财务数据，尤其是用户增长来看，B站确实已经在2020年成功"破圈"。

3. 亏损背后的成功

在突飞猛进的高速增长背后，B站难免付出巨大的代价。持续扩张的亏损是其中一个方面，同时还有比亏损扩大更严重的问题。回顾起来，B站在2020年的增长策略非常清晰，两大要点就在于陈睿所说的"品牌宣传"和"高质量内容"。2020年的视频行业充满意外和爆点，堪称精彩纷呈，其中B站也为行业的热闹出了不少力。从2019年跨年晚会的一鸣惊人，到凭借《后浪》《入海》《喜相逢》的"浪潮三部曲"持续引发舆论关注；与此同时，B站还以8亿元的高价拍得英雄联盟总决赛直播版权，并陆续出品了《说唱新世代》《风犬少年的天空》《但是还有书籍》等爆款专业机构创作视频（OGV）。

在话题性和优质内容的双重加持下，B 站在 2020 年实现了高效的用户和收入增长。这个逻辑很简单，先用优质内容实现对用户的拉新促活，而用户的增长，又可带来相对应的广告、会员和电商收入增长。稍稍联想一下就会发现，这相当于走上了腾讯、优酷、爱奇艺 PGC 的老路。

总之，"破圈"成功对 B 站而言有得有失，一方面得到了用户和收入的增长，以及平台影响力的扩大；另一方面原本独特的社区氛围受到了一定的冲击，也失去了一定的用户黏性。

4. "破圈"之后的三大挑战

无论如何，B 站的成功"破圈"已经成为既定事实。站在新的起点上，回顾总结固然重要，但更重要的是，必须要为接下来的新挑战积极做出准备。总的来看，"破圈"之后的 B 站，在以下三个方面需要面对远超以往的巨大压力。

第一，资金方面，B 站的资金饥渴问题变得更加突出。过去 B 站的亏损问题较腾讯、优酷、爱奇艺要缓和一些，如今伴随着 B 站对自制内容投资力度的加大，相应的亏损问题会更加突出。但 B 站并没有"优爱腾"那样强硬的后台，虽然同时接受了腾讯和阿里的投资，但从它们手里拿钱，显然是需要付出代价的。一旦 B 站对外部资金有了更多依赖，其独立性就会受到更多威胁。

第二，内容方面，运营压力更大，监管压力也更高。过去 B 站就因低俗内容审核不力，时常被指责"打擦边球"。在 B 站一路"破圈"的过程中，这一问题依然被频繁提及。如今体量更大，相关的运营和监管压力自然也就更大。

第三，市场竞争方面，B 站需要面对长短视频的双面夹击。过去 B 站更多被认为是快手、抖音的竞争对手，字节跳动持续加码西瓜视频，把这种冲突更直接地呈现出来。但是，伴随着 B 站对 OGV 的持续投入，B 站自制综艺影视，就需要与"优爱腾"直接展开同台竞技。这样一来，B 站就不得不防备同时来自长短视频的双面夹击。

5. 总结与启示

对于 B 站来说，商业化和社区化就像鱼和熊掌是不可兼得的，需要注意的是，B 站本身就源自社区，并且核心用户始终是最早的那一批老用户。再者，在商业视频平台领域，腾讯、优酷、爱奇艺三大巨头牢牢把握着市场，想要在这一领域超越它们显然是十分困难的。所以，如何将商业与社区融合，在实现商业化的同时，保证社区环境的纯粹度，将会是 B 站接下来急需解决的问题。

（资料来源：笔者根据多方资料整理）

四、视频号

对于腾讯来说，在短视频领域一直没有一个阵地能够带来稳定盈利并且能够占据和控制一定流量。微信于 2020 年 1 月 21 日推出了视频号，定位为"人人皆可创作"的"短内容"平台，清晰地传达出降低创作门槛、加速创作者赋能的决心。2020 年 6 月，张小龙高调地发了一条朋友圈，宣布微信视频号日活用户已经 2 亿。腾讯选择在微信上加入短视频功能，推出视频号，无疑是腾讯进入短视频行业的一条捷径。微信经过几年的发展已经具有庞大的流量。同时，在传播途径上微信与抖音快手等有着很大的不同，这种不同主要体现在视频号可以通过社交圈子进行传播，也就是可以在私域流量中传播。

视频号在 2020 年开始爆火，这一成果不是仅凭某家公司、资本就能够撬动带来的。就像博客、微博、贴吧、公众号、抖音、快手等应用流行时制造出了大批网红一样，顺风车式的成功其实是有迹可循的。这些产生爆红机会的工具，是遵循着技术进步不断升级换代的。从最早的文字、网页到移动互联网，再到高速移动互联网，人们渴望通过网络获取到越来越多的信息，这些需求导致了信息媒体的不断升级。而乘着这些升级浪潮的网红们就获得了成功。就像雷军说过的：把猪放在台风口，猪都能上天。而到了2020年，私域流量概念以及短视频火爆，再加上智能互联网络、5G高速网络技术，这些技术放在一起，使人们需要一款全新的视频社交工具。那么，为什么会选择视频号呢？

首先，虽然短视频行业已经有了抖音、快手这样的行业巨头，它们在一定程度上对整个行业有着强大的掌控力。但是，短视频这个大饼对于腾讯依然有着很大的吸引力。其次，微信视频号和传统的短视频平台是有着巨大区别的。视频号依靠着微信庞大的用户群体，加上微信的生态，联通了直播、微信小商店、朋友圈、微信公众号、个人微信号、社群，在变现能力上远远超过了传统的短视频平台。最后，视频号从最开始就不只是一个短视频平台，它是要打造一个记录生活、创作作品的平台和一个了解他人、了解世界的窗口，这样的想法可以从视频号的英文版中看出。微信视频号的英文版为Channels（频道）。用户通过个人的名义申请开通视频号，通过视频号可以发布1分钟以内的视频或者不超过9张的图片，并且能够添加公众号链接。从这个英文名和功能可以看出，视频号的定位应该是一个属于个人的频道，能够让个人在频道内自由地表演节目、施展才华、发表观点。而这些功能传统短视频可能也具备，但是它们并没有像微信这样的社交平台作为支撑和拓展，最终实现变现。可以预见的是，视频号将会给短视频行业再次带来巨大的流量红利。

章末案例

西瓜视频："中视频"与"短视频"的流量之争

2020年，我国互联网的使用人数增速已经接近一年没有超过2%了，但是在年中，我国短视频的人均单日使用时长已经超过了110分钟，这一使用数量甚至已经超过了即时通信应用软件的使用量，同时用户使用规模上也在直逼即时通信软件。短视频现在已经慢慢地在互联网上有着不可撼动的地位，如果想获取流量，那么很多人都会去选择短视频。但是，基于短视频本身的形式，它也越来越困在流量的王座之上。此时，西瓜视频出现了。

1. 公司概况

"西瓜视频"是字节跳动旗下独立的中视频APP，其前身是"头条视频"，于2017年中正式改名为"西瓜视频"。该视频平台基于智能推荐技术为用户做视频内容的分发，它能让用户的每一次刷新，都能发现在这里可以开眼界、涨知识，一起点亮对生活的好奇心。2020年，西瓜视频的月活跃创作人超过了300万，月活跃用户超过了1.8亿，平均每日播放量超过40亿，平均客户使用时间超过80分钟。2020年10月，西瓜视频举办了好奇心大会，西瓜视频的负责人在大会上首次提出"中视频"概念，未来西瓜视频将致力于发展1～30分钟的中视频内容，投入20亿元补贴中视频创作人。

2. 内容至上的西瓜视频

2020年10月，西瓜视频正式发布中视频，在此之前，通过在疫情时电影院不营业期间邀请全国人民免费观看电影《囧妈》，完成了全国范围的刷脸。

短视频更多的是基于流量逻辑，在这段时间内，创作者的流量可能很高，但一段时间后流量可能会下降，这是必然趋势。但对于中视频来说，留下的作品会不断被拿出来消费，创作者可以把内容做好，留下自己的作品来保持热度。在西瓜视频生态中，有很多视频创作者通过认真传授知识和技能来吸引网民，比如阿木爷爷，他用传统的榫卯木工技术为孙子制作玩具，在西瓜视频中获得了 200 多万粉丝，然后凭借木工技术成为 YouTube 上的热门。在西瓜视频生态中成长的李永乐老师和厨师王刚也凭借其硬朗的科普和烹饪教学，在全网赢得了大批粉丝。作为内容载体，中视频也可以在电影营销等平台活动中展现其价值。

在用户层面，大量用户对更多增量视频内容有需求。随着热点的快速变化，不能快速创新内容模式的视频创作者很容易陷入审美疲劳的困境。内容形式更加丰富的视频可以作为视频创作者内容矩阵的有效补充。用户观看时间的数据表现印证了中视频的潜力，用户观看中视频的时间是长视频的两倍。中视频可以培养用户的黏性和沉淀流量。重要的是，它还避免了版权竞争和金钱战争。与长视频和短视频相比，中视频能够很好地平衡评论、开箱、反应等内容的讲故事和观看门槛。

3. 西瓜视频的群体建立

西瓜视频专注于帮助视频创作者连接和优化业务和业绩合作资源，打造标杆案例，打破圈子。比如在商业合作方面，西瓜视频帮助创作者团队完成了完整的商业定制方案。2020 年年末，西瓜视频正式与视频创作者大能签订合约。加入视频创作领域后，大能迅速走红，他创作的第二个短视频受到了 70 多万人的称赞，30 天内，他的账号就增加了 600 万粉丝。在与西瓜视频合作后，西瓜视频帮助大能确定了男性对时尚视频创作者的形象定位和深度内容定制的合作思路，并对品牌选择和价格确定进行了检查，并逐步实现与奔驰、圣罗兰等高端品牌开展业务合作，营业收入每月超过 100 万元。除了业务合作，西瓜视频还帮助大能参与了《上新了故宫》、央视新闻直播进博会、GQ 年度盛典等一系列破圈合作，帮助他走出了更大的人气空间。同时，大能透露，未来他还可能与平台合作推出季节性综艺节目等 IP 联创形式，进一步实现内容的长期运营。

对于一大批中腰部创意群体，西瓜视频建立了涵盖创意技能培训、流量曝光、商业实现的综合孵化链。在制作方面，西瓜视频之前有过"西瓜大学"等培训基础设施，为创作者提供免费的拍摄大纲、编辑、内容组织和课程内容。目前，西瓜大学已为80多万学生提供服务。同时，在2020年10月20日举行的好奇心大会上，任利峰宣布将抖音作为西瓜视频的官方编辑软件，实现西瓜视频和抖音的一键发送。西瓜视频还将免费为视频创作者提供包括电影、音乐、字体和图片在内的大量版权资料，在工具方面，视频创作者可以得到平台的全方位支持。此外，当视频创作者具备一定的流量基础，可以进行业务合作时，依托海量引擎，西瓜视频可以为他们提供直播、电子商务、广告分享、商业订单等完整的商业化选择。

西瓜视频数据显示，在过去的一年里，有400多个视频创作者，年收入达100万元。通过该平台接收业务订单的人数比2020年增加了5倍，单笔订单最高金额达到40万元。西瓜视频让视频创作者得到了实实在在的好处。

4. 西瓜视频的野心

2020年7月，西瓜视频向外界发声，正式推出"时代观察者计划"。通过该计划，西瓜视频将在平台内发布一系列作品，这些作品包括对新兴职业的观察，对下沉城市创业故事的呈现，以及对"成功"背后故事的挖掘。通过这些聚焦生活的纪录片内容，可以传达出西瓜视频纪录片"有温度的时代观察者"的定位和价值。2020年4月，西瓜视频宣布了建立大型纪录片数据库和配套纪录片内容的战略。从这一计划，我们可以清晰地看到西瓜视频的野心，其并不只是想当一个简单的短视频平台，而是想正式的变成一个内容的生产者。同时，西瓜视频与发现探索传媒集团、知识中国知识研究院共同创作了纪录片《战疫启示录》，从科学的角度解构了中国战疫的过程，无疑是纪录片板块的又一开拓性作品。

与短视频相比，多媒体视频信息量大，涉及领域广。当疫情席卷全球时，视频创作者利用自己的专业延伸和真实记录，帮助我们从各个方面了解疫情。而西瓜视频始终秉承平台的责任感和主动性，帮助公众屏蔽不良信息。在西瓜视频网站，有很多创作者认真普及新型冠状病毒肺炎的传播过程，深入分析疫情对经济的影响。这与西瓜视频率先走上视频轨道，帮助公众获得更好、更准确、更客观的信息有关。这些内容既满足了用户对视频消费的多重需求，又保证了信息的可靠性和准确性。

同时，西瓜视频作为字节系的APP，其拥有着别的视频平台所没有的算法支持。对于短视频以及中视频行业来说，在信息爆炸的时代，人找信息有时候并不是一件特别容易的事情，而西瓜视频可以通过人工智能技术进行信息找人。其利用标签算法对用户进行深层次的刻画，并实现关联，使软件能将精准的内容推送给每一位使用者。这一方式可以帮助西瓜视频在今后的发展道路上完成其他平台所不能及的布局，也可以让产品拥有更高的用户黏性与更好的用户体验，提高用户的使用时长。

5. 总结与启示

对于西瓜视频来说，中视频是长视频和短视频之间的下一个流量洼地。在西瓜视频内，用户每天观看中视频的总时间已经超过短视频长度的一半，是长视频长度的两倍。作为国内第一个中视频定义者，西瓜视频对视频创作者的价值吸引力也是其在视频轨道发展上的优势所在。字节跳动系统中完整的商业组件让西瓜视频在吸引视频创作者方面有了更多的想象力。与抖音的深度互动，让西瓜视频中的视频创作者有了充裕的曝光空间。同时，西瓜视频走的还是字节跳动的老路子，今日头条和抖音会为其提供庞大的流量，并在算法上更精准地触达用户。从更长远的角度来看，短视频可能不会被取代，但是中长视频的时代也在到来。而短视频在发展中一定也要注意自身的不足，不然总有一日会被中视频取代。

（资料来源：笔者根据多方资料整理）

本章小结

通过本章内容我们了解到了短视频蕴含的本质究竟是什么，同时我们也了解到了短视频的发展历程以及短视频的类别。短视频在当下已经成为一个风口，越来越多的公司以及企业都想在短视频这个领域分一杯羹。短视频营销的方式较传统营销方式有更多的好处，我们需要从中看到亮点。但是，短视频的发展并不是一帆风顺的，在发展中存在着许许多多的困境，我们需要在发展中认清困境并想办法去解决这些难题。

现在的短视频行业拥有四大巨头：抖音、快手、B站和视频号，每一个平台都有其独特的属性。在下面的章节中，我们将更详细地分别讨论每一个平台。

第二章

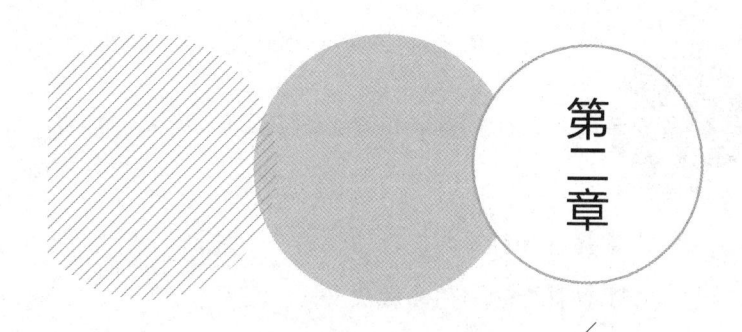

抖音——记录美好生活

抖音是一个旨在帮助海量用户表达自我、记录美好生活的短视频分享平台，为用户创造丰富多样的玩法，让用户在生活中轻松快速地制作出高质量的短视频。了解抖音引流和变现原理，利用抖音进行品牌营销，遵循抖音营销的步骤和玩法，可以大大提高营销效果，增加企业收益。

用心认真地折腾是没有风险的。

——北京字节跳动科技有限公司创始人　张一鸣

学习要点

☆掌握抖音引流与变现的概念
☆了解抖音营销的品牌优势
☆灵活掌握抖音营销的内容与形式
☆理解并运用抖音营销的步骤与玩法

开章案例

抖音撒钱 12 亿元，值吗？

1. 企业简介

自 2016 年 9 月上线以来，抖音迅速成为中国短视频行业用户和作品增长最快的平台。抖音强大的流量聚集能力是企业实施短视频营销传播的温床。在抖音上，用户可以随时随地拍摄短视频"记录美好生活"、浏览其他用户的作品、结交志趣相投的朋友，个性化的推送机制使用户能够准确、快速地获取信息。

2. 商业模式

2021 年中央电视台春节联欢晚会（以下简称央视春晚）在一片热闹祥和的氛围中结束了，抖音撒下的 12 亿元红包掀起了不小水花。官方数据显示，央视春晚期间，抖音红包总数达703亿元；抖音春晚直播间累计观看人次12.21亿，最多的时候有498.46万人共同观看。虽然直播间实时在线最高人数不及2020年（2524万），但直播间累计观看人次和红包互动总数远超去年。

《2018抖音大数据报告》显示，2018年抖音国内用户月活突破5亿、日活突破2.5亿。对于一款上线仅2年的APP来说，这样的成绩绝对值得炫耀，但放到整个互联网行业来看，与头部APP相比，抖音仍有非常大的差距：截至2018年9月底，支付宝的年活跃用户也超过7亿，当年微信月活跃用户已经达到10.82亿，是抖音的2倍多。2019年与抖音共同开启春晚互动的还有同为字节跳动旗下平台的TikTok（抖音海外版）。彼时，TikTok已经在东南亚部分国家崭露头角，在美国和欧洲市场也借着收购音乐短视频平台Musical.ly打开了市场，但距离成为世界级APP仍有距离。央视春晚就成为一个契机，在抖音首次成为央视春晚独家社交媒体传播平台时，TikTok也在海外用户中发挥了作用。两年过去，字节跳动的策略也发生了明显转变。第二次合作央视春晚，字节跳动的阵容就不再是抖音和TikTok，而是今日头条、西瓜视频、抖音三大产品。2020年以来，抖音、今日头条和西瓜视频这三大应用共同出现的频次越来越高。2020年，字节跳动完成了旗下几大平台的打通，实现视频内容互通。打通带来的好处是，一方面，用户在字节跳动旗下任一平台发布内容可一键同步至其他平台，无须重复操作；另一方面，如在抖音平台搜索到来自西瓜视频的内容，可直接跳转，各平台间可以相互引流，以此加速新APP的崛起。今日头条则承载了字节跳动图文信息流和搜索广告业务的重要任务。2020年11月，有字节跳动员工向媒体透露，整合了头条、抖音、西瓜等产品线，字节跳动的搜索广告全量上线了。随着产品协同性加强，三者之间的关系也会越来越紧密。

2020年央视春晚海内外观众总规模达到了12.32亿人，其中新媒体端直播用户规模为6.06亿人,到达人次11.16亿次。公开数据显示,在2001—2020年的20次央视春晚中,除了2015年(28.37%)外,其余年份收视率均超过了30%。央视春晚对于企业而言,早已不是一场单纯的歌舞盛会,而是一次与亿万华人直接、高效对话的机会。作为十亿级别的流量高地,央视春晚自然成了各类企业争夺的"香饽饽"。1994年以前,中国社会物资仍然相对匮乏,彼时能拿下央视春晚冠名的都是钟表、自行车品牌;但从1995年起到2002年,酒业、药业打破垄断,成了央视春晚的新宠;2003—2014年,以美的集团为代表的家电企业独占鳌头十余年。但在这三十年的发展中,企业与央视春晚的合作方式大多是零点报时、冠名赞助、广告植入等生硬的方式,观众怨言不少。

真正的变革发生在2015年,央视春晚第一次引入了新媒体互动渠道。美的集团的"统治"终于被打破,互联网巨头接力成为央视春晚新的"标王"。这是一场名副其实的"豪门对决",比拼的是企业财力。据悉,2005年美的集团曾以680万元的价格拿下央视春晚零点倒计时广告,到了2011年这个价格增长了7倍多,达到5720万元。2018年的央视春晚"标王"淘宝,不仅花费了3亿元拿下广告位,还投入了6亿元到央视春晚红包和奖品中,耗费资金远超美的。这些年,互联网企业成为央视春晚合作伙伴后,投入的资金也水涨船高,从2015年的5亿元现金红包,到2020年红包总额已经达到10亿元,2021年更是达到了12亿元。

疯狂撒钱的背后,其实是互联网企业对流量的极致渴望。2015年,微信与央视春晚合作,推出的"摇一摇"红包互动项目成为除夕夜现象级娱乐方式。官方数据显示,央视春晚微信"摇一摇"互动总量达110亿次,峰值达8.1亿次/分钟,除夕全天微信红包收发总量达10.1亿次。互动流量的增加,给企业带来了立竿见影的效果。易观千帆发布的数据显示,2014年三季度时,支付宝以79.26%的市场份额,成为中国第三方移动支付市场绝对霸主;位列第三的推出微信支付的财付通的市场份额仅有 7.37%。到了 2015 年一季度，财付通以 11.32% 的市场份额跃升第二，而第一名支付宝的市场份额降至 74.92%。支付宝一统天下的局面从此被打破，微信追赶势头明显。2020 年第二季度，支付宝市场份额仍保持行业第一，但已经降到了 55.39%；以微信支付为核心业务的腾讯金融则以 38.47% 的占比，位列第二。

或许是微信的这场战役给了企业孤注一掷的勇气，但这场游戏并非没有门槛。得到创始人罗振宇曾透露，2018 年时得到也试图上央视春晚，但被拒绝，理由是服务器会崩掉。所以，除了有钱，企业还得有过硬的技术实力，"日活必须过亿"就是互联网企业登陆央视春晚的一条不成文的规定，否则当广告打出、用户涌入时，技术可能无法撑起庞大的流量。

临时接棒央视春晚，对字节跳动和抖音来说，这无疑是一个不可多得的提升资本市场信心、发展新兴业务的好机会。在短视频领域，抖音目前最大的竞争对手快手已挂牌上市，成为"短视频第一股"，单从这一点上，抖音已经失去了先机。而在资本看重的用户增长方面，抖音月活用户数也是起起伏伏。易观千帆数据显示，2020 年 6—11 月，抖音月活用户环比增幅分别为 4.65%、-0.08%、1.25%、-0.99%、4.24%、-2.85%，人数基本在 6.2 亿上下浮动。显然，抖音如果想要在资本市场讲好故事，就需要有更加亮眼的用户数据和自动造血能力，央视春晚就是实现目标的最好田地。

除此之外，不少业内人士认为，在央视春晚上推广"移动支付"新业务、模仿微信支付，促成平台电商交易闭环，是抖音更深层的目的。近年来，抖音从内容平台向"内容＋电商"平台转型。其电商模式从最初的跳转第三方平台到搭建抖音小店，再到组织直播带货、屏蔽外部链接，电商业务已成为抖音又一大营业收入来源。早在 2018 年，字节跳动就通过收购等方式拿到了保险经纪牌照、证券投顾牌照和网络小贷牌照。2020 年字节跳动再通过收购方式，获得了支付牌照。这也就意味着，抖音获得了发展支付业务的"合格证"。工商信息显示，2020年11月，抖音还曾申请了"Doupay"商标，并在域名存储注册商"易名"旗下新增了"douyinpay.com"域名；一个月后又新增了"抖音支付"的商标。随着央视春晚脚步渐近，抖音电商化进程加速推进，在平台交易正式上线了抖音支付，这也标志着抖音电商交易闭环进一步得到完善。

除了豪掷20亿元红包分配到抖音APP、抖音火山版APP和抖音极速版APP中，为了配合春晚活动、推广抖音支付业务，抖音继2019年上线好友抢红包功能后，又抢在2021年央视春晚直播前夕推出了群红包功能。与微信红包规则基本相似，抖音群红包也分为普通红包和拼手气红包两种，单个红包金额最大200元，用户可在对话框中设置祝福语。当然，抖音也不完全是"照抄"微信作业，为丰富红包应用场景，还创造性地推出了VR红包功能。

3. 总结与启示

四年来，抖音从一种娱乐方式变成一种社交方式，未来可能成为一种生活方式。巧借央视春晚这股"东风"，抖音已经成功拿下来了第一座山头，借助央视春晚的观众基数打响了抖音的知名度，发展了新兴业务。抖音下一步需要考虑的是如何保证用户留存、盘活用户，成为用户的一种生活方式，或许是其更需要思考的问题。

（资料来源：笔者根据多方资料整理）

第一节 抖音引流

引流即引领流量，简而言之，引流就是发布广告后让别人看到你广告的过程。如今，越来越多的品牌或个人通过抖音将流量引入微信或网店等，以此实现转化目的。

一、微信引流法

1. 微信引流的渠道

如今，微信的功能越来越丰富，私人号、微信群、视频号和微信公众号等都能将用户变成流量，更好地实现变现。微信引流的渠道如表2-1所示。

表2-1　微信引流的渠道

引流渠道	定义
主动型引流	主动型微信引流是由运营微信号的人通过添加好友、投放广告和互推微信等方式主动挖掘、寻找客户
频次型引流	频次型微信引流需要长期执行，通过定时发送邮件、群消息等吸引用户
被动型引流	被动型微信引流是通过百度百科、知乎等方式吸引用户

2. 微信引流的方法

第一，精准赠送产品。使用送赠品的方式来达到微信引流的目的，需要注意以下几个问题：首先，送赠品的广告要精准投放，针对使用产品的客户群体选择合适的投放渠道；其次，送赠品不一定是赠送需要销售出去的产品，还可以根据产品属性选择互补产品赠送；最后，要保证赠送产品的质量，用户往往是先通过样品来了解产品的。

第二，有效开展活动。一场有趣的活动往往可以提升品牌的传播度。通过微信活动来达到引流目的的关键是要善于合作，运营微信的思维一定要开放，不能封闭自己。与用户基数大的匹配者合作，再加上一个好的活动创意，更容易获得成功。

第三，利用社群网络。社群网络包括百度百科、微博、知乎、小红书和抖音等，在这些平台上能够发布网络信息，上面可以附上微信号等，这样也能促进微信引流。要想吸引用户，发布的网络信息要能解决用户的需求，需要高质量的内容和服务。除此之外，对于投放了内容的社群，是需要花费时间去维护的，只有这样，才能更好地进行微信引流。

第四，利用数据库。通过短信、邮件等传统的方式进行引流，通过创新形式，使用有趣的文案、新颖的流程来吸引用户打开短信和邮件，给予客户新鲜的体验。

第五，抓住热点。要及时关注市场或行业的热点，热点话题会提高用户的点击率和传播率，所以微信运营需要借助微博的热搜榜、话题排行榜等，敏锐地发现热点话题，吸引用户眼球。

3. 抖音的微信引流法

抖音属于公域流量，而微信属于私域流量，两者的结合无疑会扩大流量范围。最新的调查结果显示，抖音的每日活跃用户已经突破4亿，要想变现，引流到微信是一个很好的方式，那么抖音是如何引流到微信的呢？

第一，签名页引流。抖音引流到微信，操作最简单的方式就是在签名栏处引流，即在签名栏处放上微信号，许多网络红人在签名页处放上了自己的或是工作室的微信号，粉丝点开签名页就能加微信，同时也更便于进行商务合作。

其实抖音并不支持这样的做法，所以在签名页留微信号的方式要在粉丝基数大的情况下实施。粉丝基数大，视频爆的可能性更大，更多的人能看到视频，吸引的流量更大。

与此同时，签名页中个人昵称最好能体现人设感，即看见昵称就能联系到人设。人设是指人物设定，包括姓名、年龄、身高等人物的基本设定，以及企业、职位和成就等背景设定。

第二，评论区引流。在抖音发布的每条视频都设置了评论功能，用户可以选择在自己的视频、同行的视频或是热门的视频底下进行评论，评论内容附上微信号，这样也能吸引到大批流量。在运营抖音时，也可以开多个账号来增加流量。

第三，私信引流。抖音有私信功能，能够给自己的粉丝或非粉丝发送私信。用户可以选择热门视频底下的热门评论来发送私信，但是值得注意的是，私信不能留有过多的广告成分。用户可以先在个人简介处添加介绍，再有针对性地吸引客户。

第四，视频引流。用户在发送视频内容时，可以植入微信号，这样也能吸引一大批客户。内容越有趣，越能精准地满足客户的需要，就能更加吸引客户。

第五，音乐标题引流。在上传视频的同时，用户能够上传一段音乐，可以在音乐标题中加入微信号。"抖音"中的背景音乐也是一种流行元素，只要短视频的背景音乐成了热门，就会吸引大家去拍同款，得到的曝光程度不亚于短视频本身。这样当上传的音乐被大家争相使用时，也能吸引一大批粉丝。

第六，直播引流。抖音用户能够在直播时与粉丝进行互动，以此来达到引流目的。

第七，与网络红人合作。通过让网红推荐微信公众号或视频号等来吸引粉丝的关注。

二、直播引流法

1. 抖音直播的开通方法

一是内测邀请。在抖音直播内测过程中，会在应用中发送站内信给一些积极参与抖音产品内测的体验师，询问他们是否愿意开通直播功能。二是自助申请。根据抖音APP后台统计，抖音官方已公布了开播权限的标准和申请方法：5万以上粉丝、视频均赞超过100且多数为使用抖音拍摄（非上传）。三是优质达人。对于技术流及发布优质多元化内容的达人，只需多发一些技能视频以及优质的视频，就可以请求开通直播权限。

满足上面任意一条标准，发送邮件至抖音官方邮箱，通过官方评审后，即可优先获得开播权限。签约账号的前提是：用户已经获取直播权限，然后再次发送邮件至抖音官方邮箱，等待通过时间为一周左右。

2. 直播引流的步骤

互联网的快速发展让直播变现成为可能。如今，只要有一台手机并注册好账号就能进行直播，操作便捷且花费的成本较低。通过直播，能够与不同的人进行互动，所以主播们利用传播范围广等特点，通过直播来吸引大批粉丝，为产品引流。那么，直播引流有哪些步骤呢？

第一步，直播前引流。在直播前进行引流，能够吸引更多的粉丝来观看直播，主要通过以下三种方式进行引流：第一，对直播设置一个新颖有趣的主题，在人们刷短视频时，能够一下子被吸引。第二，要擅于利用微信朋友圈、微博、QQ空间等平台，一些大V的转载能够让更多的人看到直播信息，吸引大批粉丝进入直播。第三，有针对性地和平台合作。如果产品是生活用品类的，则可以选择一些购物平台进行直播，通过这样的方式，精准地吸引粉丝。

第二步，直播中引流。要想在直播中引流，就要重视直播的内容，用内容来留住粉丝。第一，在直播刚开始时，做好预热，将本场直播的优惠活动提前介绍给粉丝。与此同时，让粉丝邀请更多的朋友来观看直播，给出相对应的更大折扣，这样的粉丝数量裂变能吸引更多用户。第二，在直播过程中，要与粉丝良性互动，对粉丝提出的问题要给出详细的解答，提升粉丝的好感度。第三，通过各种秒杀活动或抽奖活动等来留住粉丝，让其更长时间停留在直播间。直播中的引流是非常关键的，好的体验会让粉丝持续关注直播。

第三步，直播后引流。在直播结束后，同样可以引流。第一，在直播活动结束后，要完善售后服务，要及时解决客户提出的问题，以提升客户的满意度。第二，可以将直播视频剪辑一部分成为一个短视频，放入推送或视频推荐页面，以吸引更多粉丝的关注。第三，做好活动的总结，及时改进直播中出现的问题，这样能赢得良好的客户口碑，为下一次直播活动的开展做好准备。

流量是直播的关键，做好直播前、直播中和直播后的引流，就能够扩大直播的粉丝基数，让更多的粉丝愿意关注并观看直播，以此提升营销效果，带动直播带货的发展。

3. 抖音的直播引流法

抖音的直播引流同样符合直播引流的步骤。

第一，直播前短视频预热引流。抖音能够通过一些预热的短视频来为直播引流。在这部分预热视频中，通常包含本次直播的产品以及一部分优惠活动。通过这样的预热视频，能够短时间告诉客户观看这场直播的好处，吸引客户进入直播间。一旦预热视频成为热门，视频的曝光率增加，直播间的人气更是大大提升。但是，在制作预热视频时，预热视频中的主播和直播中的主播人设要统一，这样更能让粉丝接受。与此同时，预热引流类的视频最好是提前三小时发布，这样能够最大限度地吸引粉丝。

第二，直播中发布直播花絮。在抖音直播，主播能够在直播间隙发布直播花絮，做成短视频发送，这样的方式也能够吸引正在刷短视频的用户进入直播间。直播花絮应尽可能有趣、新颖，还可以发布一系列促销活动，这样能够扩大直播中的流量。引流之后，也要向刚进入直播间的客户重复优惠活动，提升客户的了解度和好评度。

与此同时，抖音能够同步直播内容进行推荐，还设置了一键进入直播间的功能来为直播引流，即当用户看到直播推荐时，单击顶部导航栏以外的任何位置都能够进入直播间。

第三，将爆款视频等投DOU+。直播DOU+中能够直接为直播引流，除了媒体蓝V、机构蓝V发布的直播、抖音平台的活动外，用户会优先刷到直播DOU+视频。主播能够通过付费的方式登上DOU+平台，通过这样一种付费的方式来获得流量。这样一来，一些粉丝基数少的主播的直播也能被粉丝优先看到，从而获得流量。除此之外，一些爆款视频也会推上

DOU+，扩大曝光率。

第四，直播后利用回放功能引流。直播结束后，主播能够通过剪辑直播中精彩的部分制作成短视频发布，以吸引客户；同时，抖音设置了直播回放功能，粉丝能够找到直播回放观看直播，良好的体验能够为下一次直播做铺垫。

4. 抖音直播"吸粉"引流技巧

第一，清晰的定位。精准的定位可以形成个性化的人设，有利于打造出一个细分领域的专业形象。

第二，内容垂直。根据自己的定位来策划垂直领域的内容，在直播前可以先策划一个大纲出来，然后围绕这个大纲来细化具体的直播过程，并准备好相关的道具、歌曲和剧本等。在直播过程中，还需要关注粉丝的动态，有人进来时记得打招呼，有人提问时记得回复一下。

第三，特色的名字。需要根据不同的平台受众来设置不同的名称。

第四，专业的布景。直播的环境不仅要干净整洁，而且也要符合自己的内容定位，给观众带来好的直观印象。例如，以卖货为主的直播环境中，可以在背景里挂一些商品样品，商品的摆设要整齐，房间的灯光要明亮，从而突出产品的品质。

第五，有趣的聊天话题。主播可以制造热议话题来为自己的直播间快速积攒人气，话题内容一定要健康、积极、向上，要符合法律法规和平台规则的规定。当然，在与粉丝聊天互动时，主播还需要掌握一些聊天的技巧。在直播过程中，不仅要用高质量的内容吸引观众，而且要随时引导这些进来的观众关注你的账号，成为你的粉丝。

第六，互动活动。主播可以选择与一些老观众进行互动，主动跟他们聊天，最大限度地提升粉丝黏性。除了聊天外，主播还可以做一些互动活动，如带粉丝唱歌、教粉丝一些生活技巧、带粉丝一起打游戏、在户外做一些有益的活动，或者举行抽奖活动等。这些小的互动活动都可以提升粉丝的活跃度，同时还能吸引更多的"路人"关注。

第七，准时开播。直播的时间最好能够固定好，因为很多粉丝都是利用闲暇时间来看直播的，你的直播时间一定要跟他们的空闲时间对得上，这样他们才有时间看你的直播。因此，主播要找到粉丝活跃度最大的时间段，然后每天定时定点直播。

第八，采取抱团"吸粉"。可以和一些内容、定位相近的主播成为朋友，这样可以相互推广、互相照顾。当大家都有一定粉丝基础后，主播还可以带领自己的粉丝去朋友的直播间相互"查房"，不仅可以活跃直播间氛围，还能够很好地留住粉丝，进行互动。"查房"是直播平台中的一种常用引流手段，主要是依靠大主播的人气流量来带动不知名的小主播，形成一个良好的循环，促进粉丝消费。

第九，营销自己。抖音通常会给中小主播分配一些地域流量，如首页推荐或者其他分页的顶部推荐，让你可以处于一个较好的引流位置，此时主播一定要抓住一切机会来推广自己、营销自己。

第十，维护粉丝。当你通过直播积累了一定的粉丝量后，一定要做好粉丝的沉淀，可以将他们导流到微信群、公众号等平台，更好地与粉丝进行交流沟通，表现出你对他们的重视。平时不直播的时候，也可以多给粉丝送送福利、发发红包或者优惠券等，最大化实现用户存留，挖掘粉丝经济，实现多次营销。

直播引流的技巧可以总结为内容、互动、福利三点，内容展现价值，互动增进感情，福利触发交易。

三、网店引流法

1. 网店引流的途径

除了微信引流和直播引流外，网店引流是另一个有效的引流方式，那么网店引流有哪些途径呢？

第一，通过微信、QQ引流。这是操作最简单的引流方式，通过建立微信群、QQ群来与客户联系，通过微信公众号来吸引更多的客户关注，以此达到引流的目的。

第二，通过自媒体引流。这是目前使用最多的引流方式，通过一些文章或视频来吸引粉丝。一些干货分享或是新颖的短视频内容都能快速收获大批流量。

第三，通过抖音引流。这是目前最火爆的网店引流方式，通过抖音上短视频的博主分享或是直播吸引粉丝。

第四，通过活动引流。通过参加一些热度高的互联网购物活动来吸引客户，如"双十一"等，给予客户优惠，留住老顾客，吸引新顾客。

第五，通过开发一些工具来达到引流目的。

2. 抖音的网店引流法

第一，在抖音上，无论是初始页面或是视频内容，我们都能看到广告的投放。这样一个15秒的竖屏全屏网店广告，让客户的印象深刻。与此同时，通过赞助、植入视频等方式更能吸引粉丝进入网店。

第二，与明星网红合作。在抖音等短视频平台上有很多粉丝数量众多的"网红"，商家可以找这些人进行付费合作，邀请他们来拍摄短视频，并在短视频内容中投放广告，来为店铺或产品引流。这些明星网红们会在抖音上制作"好物分享"主题的短视频，通过这些网络红人的庞大的粉丝群体，能够吸引粉丝进入网店购买产品。网络红人积极的使用体验，大大提升了一些品牌网店的流量。需要注意的是，网店商家应尽量找与自己店铺业务相关的"网红"合作，这样带来的流量会更加精准，转化率也会更高。

第三，注册抖音账户后，每个用户的主页都有"TA的推广商品"这一栏，相当于每个用户都能开一个自己的小店铺，每个商品都有详细的产品简介。粉丝能够直接在博主的店铺购买，也能够跳转到第三方电商平台购买，不仅能提高博主的热度，也能扩大网店的流量。

第四，通过抖音的直播带货能够吸引客户，这样"边看边买"的模式，提高了商品的交易率，用户也能将直播价格与第三方电商平台价格对比，提升网店的流量。

第五，如今，短视频成为打发人们碎片化时间的重要方式。相比花时间浏览第三方电商平台，通过刷短视频看到了心仪的产品，人们会更加快速地做出购买决策。通过抖音的分享转发功能，也能让更多的顾客关注店铺。

第六，电商可以在抖音等短视频平台上自建店铺，在受众活跃的短视频内容领域中，打造自己的 IP 账号，努力成为 KOL，来为店铺引流。

在吸引客户到店后，还需要通过新颖的页面，准确迎合消费者需求来留住客户。抖音通过广告、网红效应、短视频推广以及直播带货大大增加了网店流量，使网络购物掀起了新的浪潮。与此同时，发放优惠券、满减及折扣活动则让客户更愿意在网上购物。因为网店交易增多，抖音还要负起监督的责任，对于信誉度差的店铺要责令整改，以给客户更好的消费体验，这样才能为网店之后的引流做好铺垫。

专栏 2-1

珂拉琪利用抖音进行网店引流

1. 企业简介

珂拉琪是亚洲的彩妆品牌，隶属于美尚（广州）化妆品股份有限公司，于 2018 年创立，英文名为 colorkey。珂拉琪是一个具备互联网基因的国货彩妆品牌，致力于让每一个特立独行的女孩用狂热的心燃烧世界，让自己变得更酷更美。研究表明，中国新一代的消费者拥有不同于过去的消费习惯，敢于创新和突破。自成立开始，珂拉琪就定位于见证新世代个性力量的潮酷彩妆品牌，为 Z 世代的酷女孩提供有态度的彩妆产品，并在情感层面喊出

"Dare to be different"的品牌口号，倡导年轻女孩不贴标签，敢于做自己。

2. 商业模式

珂拉琪创始人李琴娅的初心是能够让年轻女孩们买到平价、高质量的彩妆，打造潮流的国货彩妆品牌。从2019年3月开始，珂拉琪用6个月的时间持续推出了多个热门产品，空气唇釉、爆水粉膏和三色彩虹卸妆油等，每一款产品都被消费者抢购。值得注意的是，空气唇釉一上线就受到了热烈欢迎，一天的销量达到17000支，月销售量突破750000支，成为天猫商城唇釉类的第一名，目前已经售出超过400万只，这样的成绩，无疑大大提升了珂拉琪的知名度。珂拉琪的诞生让我们看到互联网时代，新品牌崛起的速度之快，不到一年的时间，其销售额突破2亿。那么，它是如何做到的呢？

首先，珂拉琪十分重视产品的研发和生产，整合了全球最顶级的彩妆供应商来为产品提供原材料。通过规模化的数据库来精准判断客户的需求，预测未来彩妆的趋势，打造最吸引用户的彩妆产品。以空气刷粉底液为例，将刷头融入粉底液的包装里，迎合粉底液逐渐取代气垫的趋势，解决了用户的痛点问题，让顾客在外也能轻松快速上妆。

其次，珂拉琪追求极致的性价比。目前，珂拉琪产品的价格分布在59～109元，与此同时，还有较大的优惠折扣。以空气唇釉为例，"第二件半价"这样的优惠能够激发用户的购买欲望，快速做出购买决策，该唇釉产品由此也成为天猫商城唇釉类产品销售冠军。

再次，珂拉琪采用全渠道种草的方式，提升产品转化。如今，新生代消费者的消费习惯已经发生了很大的变化，更倾向于接受KOL的推荐和身边朋友的种草来进行购买决策。珂拉琪抓住这一特点，开始占领最受年轻人欢迎的社交软件之———抖音进行宣传，通过短视频等方式来吸引用户的兴趣，从而达到销售目的。在新冠肺炎疫情期间，珂拉琪更是提升了抖音投放的占比，通过网红达人拍摄短视频、直播带货和全屏广告等方式提升与用户的互动。根据统计，在疫情期间珂拉琪一直占据着彩妆周榜的前十名，唇釉单品创下了1000万元的日销售额。除此之外，珂拉琪联合迪士尼推出花木兰限量彩妆，在KOL直播间进行宣传推广，借助明星主播的知名度来提升品牌的声誉。这样的推广度，也大大提升了珂拉琪网店的粉丝数量。

最后，珂拉琪从单渠道切入，待品牌成熟后，逐渐布局全渠道。珂拉琪最开始只在天猫商城销售产品，如今，覆盖了京东、天猫和云集等平台，不仅如此，还在线下覆盖了全国11个城市的苏宁极物、WOW COLOUR、奥买家等分销渠道。销售渠道的优化，成为其不断前进的基础，开辟出了国货美妆可以走的新赛道。

3. 总结与启示

如今，越来越多具备互联网基因的品牌，通过几年的成长，就达到了传统企业需要10年甚至更长的时间才能实现的销售额增长和公司增值。珂拉琪无疑是其中的代表企业之一，其创始人李琴娅所追求的是打造能长期发展的网红品牌，既能抓住当下的热点潮流，也能使品牌具备生命力，不会转瞬即逝。所以，珂拉琪花费了大量的时间和精力，通过数据挖掘和分析了解用户的喜好和需求，从产品研发和生产、性价比、渠道布局等方面全方位考虑用户需要，开发出具备社交属性的彩妆产品。与此同时，珂拉琪也在不断发现新的销售渠道，保持高度的敏感，第一时间进入到有潜力的新渠道。

（资料来源：笔者根据多方资料整理）

第二节 抖音变现

抖音变现就是利用粉丝基数，运用一定的方法和技巧，从量变引起质变的过程。当用户在抖音上积累了一定的粉丝，或是视频播放量达到了较高的水平时，就可以通过抖音来获得收益，这就是变现的过程。抖音变现主要包括广告变现、直播变现和IP打造变现。

一、广告变现

1. 广告变现的形式

广告变现的关键是用户的使用体验。在广告变现中，通常由四个主体组成：第一，广告主，是想做广告的人；第二，媒体，是用来提供广告位的主体；第三，广告商，是广告主与媒体之间的中介；第四，受众，是广告的观众。广告变现主要分为如表2-2所示四种形式。

表2-2 广告的变现形式

广告的类型	形式
传统排期广告	传统排期广告的形式一般为某APP的开屏广告或固定的广告位。竖屏全屏的广告给人以强冲击力，但是无法精准划分受众，效果有限
冠名广告	冠名广告是指在影视类作品、综艺、演唱会等中加上广告主的名称进行同步宣传，这样的形式尽管成本较高，但影响力较大
贴片广告	贴片广告一般存在于短视频开始或结束的几秒之中，这样的形式传播范围比较广，但是有些广告内容与短视频内容毫不相关，这样会降低观看短视频的体验
植入广告	植入广告是将广告植入短视频的情节中，广告内容与短视频内容高度贴合，这种形式效果比较好，不会让受众产生抵触情绪

2. 广告变现的流程

广告变现有以下几个流程：确定广告位、寻找广告来源、价值估算、上线广告和跟踪数据。

第一，确定广告位。广告位有非标准运营位和标准运营位两种。非标准运营位包括弹窗广告位、开屏广告位等；标准运营位是固定的广告位，如一些页面的固定入口等。

在不同的位置投放广告成本是不一样的，平台要做的就是去核算不同广告位的价值并实时检测，根据品牌的需要或产品的性能安排合适的广告位，实现最大的效益。除此之外，在安排广告位时要重视用户的使用体验。

第二，寻找广告来源。当平台规模较小时，可以进入第三方广告平台寻找广告资源，而当平台具有一定规模时，在与第三方广告平台合作的基础上还可以建立自己的广告平台。

平台需要对广告来源的途径及广告内容进行严格审查，对于违规广告零容忍，不能因为短期利益而影响广告变现带来的长期获益。

第三，价值估算。平台需要对不同广告位的价值进行核算，这样与广告主或第三方广告平台合作时才能报出合适的价格。核算一般由专门的平台或机构完成，估值结果平台要进行审核。与此同时，平台要进行灰度测试，了解平台的实际收益情况，同时完成测试服务器压力、审核广告主等工作。

平台需要注意的是，在关注广告位价值的同时还要考虑用户的使用体验，不能因为广告收益而降低用户的使用体验，因小失大。

第四，上线广告。在前面的工作都完成之后，平台就要将广告上线。平台要保证广告上线的稳定性，当用户流量达到峰值时，要实时监测；要做好备选方案解决第三方服务器配置问题；与此同时，还要监督广告主，不能让他们打擦边球。

第五，跟踪数据。平台要定时对广告的数据进行跟踪，不仅仅是关注广告产生的收益，更重要的是要不断更新和优化广告变现的效率。通过优化广告位，如更换广告类型等来提升效率。

3. 抖音的广告变现形式

首先，广告位。抖音上的广告位主要包括信息流广告和开屏广告两种。

信息流广告是在短视频动态中投放，设置了专门的标签进行定向投放，用户通过搜索就能弹出广告。抖音的信息流广告形式比较丰富，精准投放也加强了互动性，效果比较好。

开屏广告则是一打开抖音就能看见，持续时间一般在几秒，尽管被受众看到的次数多，但没有划分受众群体，所以投放不够精准。

其次，植入广告。在抖音上，用户能够通过星图来接广告，每个广告也会有相应的奖励。与此同时，一些粉丝基数大的博主，能自己与广告商合作承接广告，广告商会准备相关的素材和产品，博主们进行短视频创作，将广告植入短视频，从而实现广告变现。

如今博主们植入广告的形式丰富，不再是生硬地植入片头或篇尾，而是采用产品测评、VLOG、融入故事情节等方式进行创作，并没有因为广告而影响粉丝的观看体验。

二、带货变现

1. 带货变现的特点

带货变现成为了一种火爆的变现方式，"带货"一词也成了潮流。相比网店或是线下门店，带货变现有以下几个特点。

首先，带货变现的成本比较低，同时能够借助平台的流量来吸引客源；其次，在进行带货时，主播们能及时与顾客沟通，对顾客提出的问题能第一时间给予解答，对于使用方法也能生动地展现；最后，借助博主的知名度和顾客对他们的信任，品牌的知名度能快速提升。低投入、高收益的模式，也使越来越多的人加入带货的行列，他们也凭借带货被越来越多的人关注。

2. 抖音的带货变现

在抖音进行带货变现，通常有以下几种方式。

途径一：测评、开箱类

博主会录制测评、开箱类的短视频。在这类短视频中，博主在短时间内介绍好几种产品，通过介绍产品的使用感受、优缺点等来传递给用户真实的体验，从而带动产品销售。这些博主的分享往往能对用户的购买决策产生极大的影响，特别是对于一些正在犹豫是否要购买的产品。当用户有了积极的反馈后，也能为博主带来热度，会对博主产生更多的信任，提升带货的效果。

与此同时，博主还能在视频中分享产品的使用技巧，给用户避雷，用户的满意度和好评度也会不断提升。

途径二：场景营销类

在抖音上，博主可以在短视频中插入产品，在视频场景中介绍产品的相关性能，如在旅游类短视频中引出车，这样也能赢得良好的带货效果。

值得注意的是，视频的核心是增加产品的曝光度，视频中的场景是辅助产品的，要为产品打造合适的场景，而不能将产品生硬地插入场景中，这样会大大降低用户体验。

途径三：VLOG 类

VLOG 的热潮是在 2019 年掀起的，博主们开始用 VLOG 来记录自己的日常生活，通过这样的形式来分享使用的生活好物或生活技巧，也能激起粉丝的购买欲望，提升带货变现效果。

途径四：种草类

种草类的短视频是抖音上较常见的一种，也是比较直接的带货方式。品牌可以开设一个种草号，介绍相关产品，能以较低的成本达到带货的目的。没有货源的用户也能在抖音开设商品橱窗，通过卖别人的产品来赚取佣金。这样的方式能快速实现带货目的。

通常，博主在进行种草时，会不断强调产品的优点，表达自己对产品的喜爱和认可，以这样的方式来说服顾客购买。以重复的宣传语，让顾客印象深刻。

途径五：直播带货

抖音有许多专门做带货的直播，比起短视频种草效果更好。直播中能介绍的产品种类更多，比起其他途径，直播中产品的价格具有较大的优惠力度。通过直播的方式，也带火了像李佳琦、薇娅这样的主播，让直播带货职业化。

3.如何选择带货产品

首先是高毛利。因为抖音等短视频平台并不是真正意义上的电商平台，因此用户的购物需求并不旺盛，他们在抖音上买东西更多时候是一时兴起。因此，用户要尽可能围绕消费者诉求找一些高单价、高毛利的产品，这样才能够保证自身的利润。一是关于货源选择，不管你想卖什么，一定要选择货源。二是品类定位。选择自己喜欢的产品来做，一般都不错。因为喜欢这个产品，所以你自然会全身心地投入到这个产品中。

其次是复购率高。一些复购率较高的产品，能够吸引用户长期购买，提升老客户黏性，避免付出过高的引流成本。卖货的大部分利润都是来自老客户的，所以要不断提升产品竞争力、品牌竞争力、服务竞争力和营销竞争力，促进客户的二次购买，最好实现长期合作。要做到这一点，关键就在于货源的选择。"抖商"必须记住一句话，那就是"产品的选择远远大于盲目的努力"，因此要尽可能选择一些能够让粉丝产生依赖的货源。

最后是用户刚需。精准地掌握用户刚需，牢牢把住市场需求，这是所有"抖商"都必须具备的敏感技能。任何商品都是需要卖给客户，才能换得他口袋里的钱。那么，为什么他要买你的产品呢？最根本的答案就是，你的产品或服务能够满足他的需求，能解决他面临的难题、痛点。例如，共享单车的出现，解决了人们就近出行的刚需难题，因此很快就火爆了起来。

专栏 2-2

王小卤直播变现之路

1. 企业简介

北京王小卤网络科技有限公司创立于2016年4月。"王小卤"品牌来源于三十多年前四川一带的传统卤味,以其给人们留下的深刻印象为品牌宣传根基,通过舌尖上的点滴勾起人们心底对于童年那份最单纯的回忆。当美味与记忆相遇,于是便有了今天的王小卤。王小卤的品牌愿景为打造国民卤味品牌,旗下产品虎皮凤爪、招牌猪蹄、小卤肉铺、麻辣牛肉、小卤素排、小卤鸭脖,全网年销量超过1000万袋。

在产品的整个制作过程当中,王小卤致力于使用零添加剂作为产品的标杆,同时选择品质高且健康的调料作为汤底的卤料,使王小卤的产品能够让大众放心,体现一种高贵但不昂贵的品牌形象,自上线以来受到大众追捧,也为行业树立了新的标杆。

2. 商业模式

王小卤向我们展现了一个新品牌成长的速度。相较于2019年的"双十一",王小卤在2020年的"双十一"中销售额增长了3300%,最终销售额突破了2000万元,比"6·18"增长了200%,在天猫商城鸡肉零食类中拿到了销售第一名的成绩。凭借热门产品"虎皮凤爪",迅速在鸡肉零食领域打开了市场。赶上新消费的时机,使得王小卤用18个月的时间,实现了从进驻电商到年销过亿元。

王小卤的品牌创始人、CEO王雄在推出产品之前,对卤味零食品牌进行了深入的调查,一些十余年的老品牌已经不能满足偏年轻化群体的要求。年轻群体追求更新颖、更高品质、更高性价比的产品,由此,王小卤出现了。那么,它成功的秘诀到底在哪儿呢?

首先，精准选择市场。王雄的妻子很喜欢吃卤味，而周黑鸭、绝味等品牌的陆续上市，也证明卤味是一个很有前景的市场。再细分卤味的品类，卤猪蹄产业并未出现"领头羊"品牌，于是王雄抓住了商机，找来老家一家经营了30多年的卤店的配方，自己潜心研究、深入调查，小卤猪蹄上架了。当时，小卤猪蹄的线上销售渠道仅有微信平台的朋友圈，在朋友圈上线的第一天，销售额达到了3万元。到2017年年末，由于小卤猪蹄投资人、《人生若只如初见》的作者安意如的宣传，小卤猪蹄红遍了媒体圈。

其次，及时切换赛道。为了将产品做得更好，不仅用料更加讲究，同时小卤猪蹄也成为行业里第一个用顺丰冷链运输的品牌。但是两三年之后，小卤猪蹄没有继续向前发展，反而出现了亏损，这让王雄意识到小卤猪蹄销售渠道和品类的局限性。于是，王雄开始重新选品、测品，最终敲定为虎皮凤爪。王雄认为，虎皮凤爪是零食界的宝藏单品，没有强烈饱腹感的同时也不会太腻，王雄的目标是将王小卤打造成虎皮凤爪的代名词。事实证明，他成功了，在某次美食节上，还没有进驻电商的王小卤在销量榜中排名前三。有了这样的好成绩，王雄更加有冲劲。为了保证口感，王小卤进行了多次的技术改进，"先炸后卤"的方式确保其接近现做的口感。与此同时，知名度提升的王小卤并没有急着上新扩品，进行深度调查之后，严格选择最值得上架的产品。正是顾客至上的经营理念，使王小卤虎皮凤爪的重复购买率达到40%，远远领先行业平均水平。

最后，借助直播浪潮。在确定品类后，王小卤开始将重心放到选择销售渠道上，迅速锁定抖音平台的直播间，在一开始就选择了带货的头部主播李佳琦的直播间进行直播带货，带货额从两三百万元到一次直播销售额能突破五百万元，王小卤借助抖音直播，达到了精准变现。如今打开抖音，不管是网红达人拍摄的短视频广告还是直播带货，随处可见王小卤的身影。王小卤选择先铺渠道再打广告，线上与线下相结合的方式，迅速占领市场，让大家想吃凤爪就能想到王小卤。

3. 经验总结

王小卤的目标是做出有趣的国民卤味品牌，如今在北京组建了专门的研发中心，致力于实现卤味零食的创新。电商的快速渗透，让销售渠道成为企业产品变现的法宝。抖音已然成为人们使用频率较高的社交软件之一，王小卤选择大面积的在抖音进行投放，大大提高了品牌及产品的曝光度和知名度。借助直播带货等新兴的传播渠道，释放出巨大的线上势能，辐射更多的消费者，实现品牌的长期价值。

（资料来源：笔者根据多方资料整理）

三、IP 打造变现

1. 什么是 IP

IP 译作知识产权，随着互联网的发展，IP 成了一个商业入口。IP 可以是一个人物、一部漫画或一个故事情节等。IP 具有流量、具有热度、具备商业价值，所以现在大家都想打造 IP。

IP 具有以下几个特点：首先，IP 是无形的；其次，IP 有多种形态存在；最后，尽管 IP 是虚构的，但是大家都能感受它的存在。

2. IP 打造

IP 打造就是通过各种不同的方式来打造一个富有影响力的品牌或个人形象。通过打造 IP 来赋予 IP 更多的价值。打造 IP 分为定位、策划、拍摄、发行、运营互动、数据分析和内容迭代七个步骤。

第一，定位。IP 打造的基础是定位，要找准自己想要发展的领域，找准受众是谁。模糊的定位会不容易被大家记住，而清晰的定位则能让大家在想了解某方面的信息时快速地找到你。例如，杰斯特拉是一位美妆博主，美妆是一个很广的领域，他将自己定位于测评国货的美妆博主，这样的定位就更加清晰了，让受众在想了解国货美妆时就会找到他。

第二，策划。在进行短视频创作之前，要先选题，从热点出发确定主题后再进行具体内容的策划，新鲜有趣的内容会让受众印象深刻。在进行创作时，要注意在模仿的基础上进行创新，对用户的需求进行调查，根据不同的受众有针对性地去创造他们想看到的内容。

第三，拍摄。短视频的拍摄操作较为简单，对设备也没有过高的要求。相比于拍摄，后期剪辑更为重要，要在短时间内吸引用户。

第四，发行。作品要放在合适的平台发行，这样好的作品才能有效地呈现。如今有腾讯视频、微博、抖音、小红书、微信视频号、淘宝短视频等一系列平台，针对内容的不同要发布在不同的平台上。

腾讯视频里的多是电视剧或综艺的剪辑视频，微博的互动性强，抖音是利用用户的碎片化时间浏览，小红书多是好物推荐和分享，淘宝则是购物类的视频较多。依据不同平台的特点，选择性地进行发布，这样才能达到吸引粉丝的最佳效果。

第五，运营互动。发布短视频后，要想让粉丝记住，与粉丝互动也十分重要，通过回复粉丝的评论和私信来解答粉丝的疑问。通过这样的方式来加强和粉丝之间的联系，赢得粉丝的信赖，这样能够大大提升粉丝的忠诚度。

第六，数据分析。数据分析也是很重要的环节，实时监控后台数据，查看视频的浏览量、点赞数量和用户的反馈，这样能够更好地掌握用户喜好，通过数据来调整接下来的方向。

第七，内容迭代。根据数据分析的结果，及时更新视频内容和形式，做好调整。这样能大大提高打造 IP 的效率，确保长期运营，实现长期收益。

经过以上七个步骤，能够打造出 IP，从而实现 IP 打造变现。

3. 抖音的 IP 打造变现

抖音打造出了许多 IP，这些 IP 通过设定人设来源源不断地向受众传递内容。IP 主要有以下几种类型。

第一种是知识型IP，主要向受众传输某一类型的知识，这些原创的内容吸引了很多粉丝。第二种是产品型IP，围绕受众喜欢的产品而延伸出的视频内容。第三种是故事型IP。在抖音上，有些博主专门创作一系列的故事来吸引粉丝，通过新鲜有趣的故事情节影响着受众。

通过打造IP而衍生出的变现内容主要包括：打造自己的品牌或推出相应的产品；成为品牌的代言人；成名后开始上综艺、演电影、出唱片。例如，之前在抖音上因翻唱歌曲而走红的费启鸣，帅气的外形加上动人的嗓音，粉丝数量很快突破2000万。在走红之后，费启鸣开始参演电视剧，参加综艺节目，发行了自己的唱片，踏上了星途。正是抖音强大的"吸粉"能力，让这些IP能够收获一大批志同道合的粉丝，打开知名度，实现变现。

抖音拉近了这些IP与粉丝之间的距离，不同于偶像明星，他们能通过评论和私信等功能与粉丝互动，粉丝会更加信任他们。正是这样，这些抖音达人的带货效果也很好，极大地拉动了带货变现。值得注意的是，抖音要重视对这些抖音达人的监督，不能做出任何违法行为，这些IP是粉丝学习和模仿的对象，只有对他们实施有效监管，才能保证良好的网络秩序。

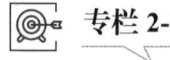

专栏 2-3

"樊登读书"通过抖音打造个人IP

1. 企业简介

樊登阅读是由上海黄豆网络科技有限公司创办的，于2013年10月由中央电视台前节目主持人、MBA高级讲师樊登创办。其经营范围主要包括信息科学技术，一般项目包括企业信息科学技术、产品交易和技术租赁、技能咨询等，还提供了商业顾问、会议咨询、市场营销战略策划等。目前在中国上海境内对外投资11家公司，拥有1个办事处和2个分支。

2. 商业模式

樊登在短短两年的时间变成了知识付费领域网红中的佼佼者，粉丝数量过亿。在抖音，随便刷一刷就能看到"樊登"的视频。根据统计，在抖音上，与"樊登"相关的账号有几百个，但实际却只有三四个人在运营。那么，"樊登"到底运用了什么方法仅仅使用三四个人来打造IP，收获众多粉丝的呢？

樊登是一位出色的中央电视台前节目主持人和媒体人。樊登读书的定位是一个说书人的角色，通过将每本书口语化的呈现给大家分享，目标是每年带大家读50本书。樊登自带光环的形象以及阅历成为了樊登读书成功的基础，提升了其竞争力。在打造个人IP上，樊登的第一步是打造内外形象，其活跃在大众视野中的外在形象往往是西装革履，展现了他博学的形象。而内在形象的包装，樊登则是树立了一个说话幽默风趣，富有逻辑的人设，加上其出众的演说能力，自然吸引了众多人的关注。第二步是IP的内容打造，对于每一期的内容，樊登及其团队都是精心策划的，借助樊登本身的理解能力，通过幽默风趣的方式将每本书的内容传递给大众。第三步是选择了优质的传播平台，樊登及其团队抓住了知识付费和短视频的风口，在抖音进行发散式传播，从最开始的建群到抖音几千万的粉丝，平台的选择是其成功的关键。第四步是其强大的代理机制，使用读书卡连接所有会员，通过将"社群+线上+线下"来回打通进行传播。第五步则是樊登读书一直在使用各种方法使其IP持续变现。

樊登读书打造个人IP的过程中，离不开抖音。2018年9月，樊登读书在抖音注册了第一个账号，并发布了第一个作品，使用PPT图片的形式来传播抖音书单的内容。时间一长，效果并没有达到理想状态，于是，他们改变方式，采用"文字+音频"的形式来输出内容。之后再转变为"内容+解说"的形式，这让其播放量大大增加。紧接着，传播内容变成解读生活常识类视频，用最新的观点来解释生活常识，吸引用户的兴趣，引发其互动、点赞和评论等。目前，视频内容添加了樊登的线下课程视频，让播放量直线上升。

由此可见，在樊登读书的运营下，其视频内容可以让更多的用户看到，同时，每天有大量的内容更新。樊登读书只需要选择樊登的线下课程或演讲中好评度较高的视频，经过加工剪辑后上传，一天上传五六条，一个账号一年就有1000多条的短视频内容，而樊登读书还拥有100多个账号，每个账号也在长时间的运营中有了差异性定位。

3. 经验总结

樊登读书在运营抖音的过程中，努力实现环境、用户与内容之间的平衡，实现流量的最大化。在获取并激活用户之后，提高留存，深化IP形象，从而达到转化变现。如今，樊登既是抖音用户的生活导师，也是知识的象征，他和团队打造IP无疑是非常成功的。樊登读书也从线上走到线下，不断发展壮大。

（资料来源：笔者根据多方资料整理）

第三节　抖音品牌

抖音作为人们使用最频繁的社交短视频软件之一，越来越多的品牌利用抖音实现了营销目标。抖音是一个巨大的流量池，通过抖音，品牌的知名度和曝光度都会大大提升，这样能增加用户对品牌的了解，促进用户做出购买决策。

一、抖音品牌营销的优势

在抖音进行商业营销，是目前使用较为广泛的营销手段，以下是抖音营销的品牌优势：

1. 庞大且优质的流量

时代的发展，使人们的空闲时间越来越碎片化，而抖音恰好迎合了人们对于碎片化浏览的需求。在地铁上、工作之余，人们都会拿起手机刷短视频。抖音满足了人们的需求，成了一个流量聚集地，拥有着超高流量。据统计，抖音的每日活跃用户人数突破 4 亿。

同时，调查结果显示，抖音上的用户多在 20～30 岁，其中女性数量远远超过男性，并且多来自一、二线城市。这些年轻群体很容易接受新鲜事物，消费意愿强烈，同时拥有较高的消费频率，极大地促进了抖音的营销效果。由此可见，抖音所拥有的流量不仅庞大而且优质。

2. 超高的曝光度

抖音庞大的流量带来的就是超高的曝光度。根据统计，抖音用户的平均每日在线时间达到 1 小时，长时间的在线可以增加品牌的曝光度，提升品牌的营销能力。与此同时，抖音自身的曝光度也是非常可观的，无论是其下载数量还是为多档综艺赞助，这些都增加了抖音的品牌曝光度。

3. 营销成本相对较低

在抖音上做广告的途径很多，除了硬广告之外，还能将广告植入短视频内容。通过点赞、转载，当短视频热度提高之后，广告也会被更多用户看到，从而提升营销效果。目前，使用抖音的用户数量仍然在上涨，与电视广告等相比，抖音的引流转化营销成本相对较低。

4. 内容具备表现力和影响力

抖音以短视频的形式传播，加入了音乐、故事情节等，使抖音相比微信、微博等更具表现力。能够直观、快速地将想要展现的东西传播给受众，通过讲述情怀来引发用户的共鸣，植入品牌或产品形象，丰富了推广的形式和表现力，从而提升品牌的营销效果。

抖音凭借着其话题性已经带火了众多行业及品牌，如通过"冬天的第一杯奶茶"为主题的短视频，拉动了奶茶业的销售量。与此同时，抖音通过评论与私信等功能与用户更加亲密地互动，大大提升了用户的满意度。

5. 形式更加丰富

抖音最初是以大量充满趣味的音乐短视频来吸引用户使用的，现在音乐仍然是短视频中的一大亮点，能有效弥补其不足。与此同时，抖音在此基础上也不断进步，丰富其形式。个性化的贴纸、挑战赛等让参与的用户越来越多，也使得品牌有更多的形式进行推广，凸显出抖音的营销优势。

6. 专业的运算和技术

抖音的"推荐"页面是根据数据分析为每位用户设置的定制化视频推荐，根据用户的浏览频率、停留时长等精准地分析用户喜好。对于品牌来说，让用户在最短的时间内看到喜欢的内容，无疑促进了精准营销，使覆盖的用户更加精细。

抖音的主流用户是伴随着互联网成长的，他们对网络的要求相对较高，而抖音专业的技术恰好能保证其需求，为品牌营销保驾护航。

7. 超强的带货能力

如今，在抖音上直播已慢慢职业化，同时每位用户都有自己的商品橱窗。用户能在直播中直接购买产品，或点击别人的商品橱窗进入淘宝页面购买。抖音成了电商的一个流量入口，这样超强的带货能力也极大了提升品牌的营销效果。

8. 巨大的增长空间

在抖音上线之后，我们能看到其在不断优化，不断创新。2020 年，抖音平均日活跃用户超过 4 亿，随着技术的不断发展，其用户数量仍然有巨大的增长空间。

以上就是在抖音营销的八个优势。但是，品牌一定要根据自身的实际情况选择合适的营销途径。

二、抖音品牌营销的形式

1. 通过表演展示产品

通过诙谐幽默的表演，配合生动的故事情节来展示产品，让用户印象深刻。与此同时，超高的浏览量和点赞率让用户争相模仿，掀起了创作热潮。广泛的传播，增加了品牌的曝光度。

2. 运用特效植入品牌

品牌能够运用特效将品牌形象或产品信息等植入短视频当中。运用特效强化用户对于品牌口号、主打产品的记忆点，直击用户内心。抖音本身就具有一些特效贴纸，再加上特效技术，能起到更好的效果。例如，在《移动迷宫3》上映之前，抖音达人们通过重复同样的手势和个性化的特效，起到了很好的宣传效果。

3. 通过抒发情怀引发共鸣

有些短视频对情节巧妙设计，将品牌形象或产品信息通过讲故事的方式呈现，抒发情怀，引发用户的共鸣，提升用户的好感度和满意度。比如品牌口味王重点拍摄将口味王零食送到劳动者手中的画面，以接地气的方式让用户感觉到温暖；如一些奶茶、面包品牌，将产品送到环卫工人手里，彰显品牌的社会责任，直击人心。

短视频中的故事往往能给人身临其境的感觉，但是在创作故事时，要注意故事与品牌形象或产品信息的相关性，同时可以生成系列故事，通过持续的故事来引起用户的兴趣。

4. 运用动作打入用户心底

通过肢体动作感染用户，提高用户的参与度。以动态的画面展现，传播效果更好。与此同时，这些动作极具代表性，对于品牌来说有很好的辨识度，对于品牌营销具有重大意义。

5. 植入实物引发带货

抖音具备强大的变现能力，在短视频内容里植入产品，将其作为拍摄道具或软性植入拍摄场景，能够有效提升营销效果。与博主合作，在其视频内容中直接张贴产品海报或让其手持产品，通过这样的方式宣传，能起到很好的带货效果。

专栏 2-4

小奥汀借势抖音进行营销

1. 企业简介

小奥汀创始于 2013 年，源自上海的潮玩彩妆品牌，隶属于上海水适化妆品有限公司，经营范围包括化妆品的销售和电子商务。目前，公司正计划进一步展示旗下其他品牌产品，同时也正在积极拓展其他在线渠道以及线下渠道。

2. 商业模式

在微博上有一个讨论的话题是"在抖音上第 N 次刷到的小奥汀到底怎么样？"足以可见小奥汀在抖音的投放力度。根据抖音全场景 AI 数据平台"新抖"的统计,在近一个月的数据中,小奥汀官方账号新增访客量135.59万,新增产品销售量2.25万,在直播间销售的次数突破190次,由此可见小奥汀的超强势能。那么,小奥汀到底是如何借助抖音营销的呢?

首先,精确选择投放的KOL。2019年9月,小奥汀在微博官宣了原火箭少女101成员杨芸晴作为品牌第一位唇妆和彩妆的代言人,借助青春有你和火箭少女101的热度,极大地提高了小奥汀的知名度,迎合了年轻消费者的喜好。小奥汀的目标用户群体是大学生和初入职场的年轻女性,所以在选择KOL上以女性居多,且分布在18~23岁,这与小奥汀的目标客户群体是相一致的。

其次,在类型的选择上,多为美妆垂类账号或好物种草达人。用户对这类达人有更高的信赖度,且达人们更容易表达出产品的特点,展现出产品的优势。短视频文案大多都加上了"笔头不分叉""适合新手""使用顺滑线条流畅"和"防水防油不脱妆"等关键词,抓住了目标用户的痛点,吸引其购买。

再次,先选择头部达人投放,再集中投放中腰部达人,给用户打造"大家都在使用"的效果。小奥汀在2020年的前两个月选择头部达人陈彦妃和娄艺潇进行投放,其中陈彦妃在自己的生日Vlog中,推广了小奥汀的眼线笔,介绍其优势并附上了购买链接,这条短视频的点赞数超过120万。在进行初步推广,打响知名度之后,小奥汀选择了"小嘟娜donna"这类美妆垂类中腰部博主投放,这类博主主要教大家怎么化妆,在教学过程中潜移默化地给大家种草小奥汀眼线笔,尽管这类博主粉丝数量不如头部达人,但其营销属性更弱,大众更能接受。据统计,这样的投放方法使小奥汀眼线笔的月销售量超过27万支。

最后,利用抖音达人的直播间种草宣传。小奥汀在"6·18"这些狂欢节借助抖音各大达人的直播间进行销售,加大对于线上营销的投放,从抖音短视频到直播间推广,持续增加投入。在特殊时间节点,加大集中投放力度,激起用户的购买欲望,使用优惠活动辅助,加快用户的购买决策。

综上所述，小奥汀借助抖音流量，获取了更多的新鲜顾客，收获了新市场。

3. 经验总结

这两年，国货彩妆在抖音平台风生水起，小奥汀也在不断加大抖音平台的投入，借助抖音热度，成为年轻女性最爱的国货彩妆品牌之一。从新抖数据可以看出，抖音的访客量曲线与商品的销售量曲线大致吻合，所以在抖音营销方面，投放的短视频大大提高了小奥汀的产品销售效果。主打的"适合新手""大牌平替"等特点，也牢牢抓住了年轻女性消费者的心理。

但值得重视的是，大规模的投放很可能会引起消费者的逆反心理，特别是对于更新速度快的网红产品，所以在未来，小奥汀需要打造出能深深吸引消费者的产品，重视用户需要，提升重复购买率。

（资料来源：笔者根据多方资料整理）

三、抖音品牌营销的步骤与玩法

1. 抖音品牌营销的步骤

首先，规划营销目标。规划营销目标是实现营销目的的基础。其一，要想明确营销目标，就要明确目标人群，深度分析目标人群的特征，了解其性别、年龄、购买能力及购买喜好等。选择抖音进行营销，就要了解到这些目标群体喜欢怎样的短视频类型，喜欢哪些博主的推荐。所以，在确定目标群体之后，要挖掘出他们共同喜欢的博主及短视频类型。其二，深度分析博主及短视频类型，从而使品牌形象能与其紧密相连。其三，与博主等合作，进行内容的输出，通过优质的内容来吸引用户，不断强化内容的输出，使用户印象更加深刻。

其次，规划内容。在抖音上内容一般分为三种类型：第一种是广告型内容，这种类型往往会搭配信息流广告发布，展现形式通常为品牌的宣传片或明星拍摄广告花絮等，通过这样的形式直接吸引用户；第二种是热点型内容，这种类型会借助社会热点（重大节日等）或平台热点（话题热点等），将品牌或产品联系热点进行内容创作；第三种是标签型内容，这种类型往往和品牌存在高度的联系，通过使用品牌标志或品牌主题音乐等，插入门店视频或建立与品牌或产品高度相关的场景来吸引用户，有些品牌通过一些故事情节还建立了品牌人设，让用户印象深刻。

最后，创新玩法。通过创新抖音营销的玩法来提升品牌营销效果。

2. 抖音品牌营销的玩法

玩法一：直接展示产品

有些产品的功能使用性、话题性和创新性兼具，这样的产品可以直接通过短视频展示。如在抖音爆火的能一键升降的火锅神器，就是通过直接展示产品功能让用户争相购买的。

玩法二：夸张展现产品优势

对于优势不够突出或者用户不能直观感受的产品，品牌可以用夸张的形式呈现，这样能让用户的印象更加深刻。宝马汽车为了突出其"空间大"的优势，将12个销售人员藏在车内；凯迪拉克为了突出其能够一键开启中控隐秘的存储空间这一亮点，使用藏私房钱的最佳位置来进行宣传。这些品牌都是以夸张的形式传递给用户其产品的亮点。

玩法三：挖掘创新用途，设计与产品相关的周边产品

品牌可以挖掘产品的不同用途，引起用户的兴趣，刷新用户对产品一般功能的认知；同时，可以对产品的周边产品进行设计，如茶颜悦色通过奶茶走红，同时也花费时间和精力设计茶叶包，吸引用户购买。

玩法四：提升用户参与度

举办一些特色活动，通过抖音短视频进行传播，让更多的用户参与进来。如海底捞以"底料搭配"为主题，引起用户的兴趣，用户开始争相模仿，进入门店体验，扩大知名度，从而提升营销效果。

玩法五：植入视频场景

将品牌LOGO、产品植入短视频内容情节中，不经意间展现品牌或产品，起到良好的宣传作用，不会引起用户的反感；或是花钱与博主合作，让其辅助宣传。

玩法六：传播口碑

通过用户的点赞量、门店前的长队伍、用户的评价等对品牌或产品进行传播。视频中长长的队伍往往会激起顾客的购买欲望，从而提升品牌营销的效果。

玩法七：传播企业文化

通过在视频中曝光企业的日常，拉近与用户之间的距离。可以通过拍摄生产线工作、员工日常工作VLOG、采访员工或组织一些团队游戏等方式将企业日常曝光到大众面前，增加用户对品牌的信任度和好感度。阿里巴巴的抖音号晒出员工食堂的内容后，就引发了粉丝的热评，这样的方式让企业与粉丝的距离更近了。与此同时，企业氛围、企业文化等也在不经意中得到展现。

企业可以专门组建一个运营企业抖音号的团队。专业的拍摄、专业的剪辑再加上员工的转发，会提升企业抖音号的人气，集思广益，给用户带来更多新鲜有趣的内容。提升用户对企业的了解，从而提升品牌营销效果。

专业的抖音运营团队包括以下几类。

（1）编导：编导的主要工作是策划垂直领域短视频的主题、风格和内容，保持账号内容的持续输出。编导要能够紧跟热点，打造定位明确的账号标签，同时还要会演、会包装，否则还需要另外招聘演员。

（2）运营人员：运营人员需要熟悉平台的流量推荐机制、用户画像特征以及变现盈利模式，能够准确把握不同短视频平台的个性与风格，同时还需要做好数据分析和客服相关的工作，让作品获得更多的播放量，吸引更多粉丝关注，增加用户黏性，以及更好地完成变现工作。

（3）摄影师：摄影师的主要任务是布置拍摄场景，以及做好现场视频的拍摄，同时最好会剪辑，有自己的拍摄风格。

（4）剪辑师：剪辑师不仅要对拍摄的短视频做剪辑和配乐，而且还需要参与初期的策划，能够将编导想要表达的主题完整地展现出来。同时，剪辑师还需要配合编导做好短视频的包装，如滤镜、道具和特效等。

（5）硬件准备：需要购置一些拍摄设备，如拍照效果好的智能手机、手机支架、麦克风、声卡、移动滑轨、云台、补光灯以及专业的手机镜头等。

专栏 2-5

小米抖音号运营揭秘

1. 企业简介

小米创建于 2010 年，致力于将产品和服务做到极致，其目标是"与用户交朋友"。正是这样的企业文化和企业愿景，让小米坚持以用户为中心。十年的时间，小米的发展有目共睹。小米凭借着产品质量和服务体验，收获了一大批忠诚的"米粉"，并将每年的 4 月 6 日设立为"米粉节"，拉近与用户的距离。在小米的发展道路上，我们看到的是小米全体员工的真诚和热情。

2. 商业模式

在抖音上，我们能看到越来越多的品牌入驻，引发了一场流量争夺战。小米作为营销界的佼佼者，从 2017 年开始运营小米的企业号，积累下众多的粉丝。那么，小米是如何运营抖音号，如何利用抖音号的优势进行营销的呢？

首先，小米在抖音企业号中有清晰的定位，选择使用冷幽默工程师这一人设与粉丝交流，不仅有趣而且十分接地气，与小米的品牌形象也十分吻合，这样鲜明的企业号形象让大众印象深刻。

其次，小米设计了有料有趣有特点的短视频内容，以此吸引用户。在抖音短视频中，最重要的是如何在短短一分钟之内吸引用户，这也是困扰品牌的一大问题。解决这个问题，就要靠新颖且让用户印象深刻的视频内容。小米企业号的短视频内容主要有以下几种类型：一是花式秀产品，结合小米自身产品的特点与功能来创作短视频内容，以此来提升用户对品牌和产品的了解。以"巧用手机镜面拍摄风景大片"为例，分享手机相关功能的使用教程，挖掘出产品不一样的用途，在宣传产品的同时展现趣味性。二是打造固定的主题活动等。以风趣幽默的形式深化用户对品牌的认知，强化标签属性。三是爆梗说段子。在小米的每条视频中，可分为视频封面、主题内容和爆梗三个方面：使用短时间能吸引消费者的封面来留住用户，激起用户想继续了解的欲望；紧接着叙述主体内容；最后爆梗，采用埋梗抖包袱的形式来吸引用户。四是结合抖音或其他社交媒体的热点话题或热门音乐等，与用户形成良性互动。跟进热点的最大好处是能极大地提升推荐量和曝光度。五是曝光企业日常，通过短视频形式记录企业日常的工作，以采访工程师或探访食堂等方式，拉近用户与小米之间的距离。

再次，小米在抖音上的更新频率是非常高的，这样能让粉丝持续关注企业号，加强与粉丝之间的黏性。与此同时，企业号会经常与粉丝在评论区进行互动，频繁的互动能提升企业号的曝光度。

最后，同步运作"个人号"。除了小米的官方企业号之外，员工的个人账号也非常活跃。官方企业号"小米手机"给大众展现的是冷幽默工程师的形象，员工号则更加日常，如"小米员工的日常"这个个人号，短视频内容以在小米的日常生活为主，彰显轻松的工作氛围。官方号和个人号的合作，向大众展现了一个更加立体的小米。

正是因为小米在抖音的用心经营，所以才收获了一大批忠诚的粉丝群体，让一些因为产品信任小米的用户因为抖音更加喜爱小米。通过抖音的传播，加大了小米的品牌价值，也极大地提升了小米的好评度，让用户更加了解小米及其产品，无形中提升其销售效果。

3. 经验总结

小米在抖音上的成功并不是偶然的，小米是在充分了解抖音用户的特点上，不断为用户输送新鲜优质的内容，这恰恰是小米成功的关键，小米努力做到懂抖音、懂用户。由此可见，在抖音上经营品牌的官方企业号，要结合品牌实际情况和自身特点，组建专业的团队运营，而不能仅仅是做内容的迁移，不同的平台需要为用户输送不同的内容来强化品牌的形象，这样才能真正利用好抖音这个平台，实现品牌价值增值。

（资料来源：笔者根据多方资料整理）

> 章末案例

抖音下乡：回乡直播一月，超大城市一年收入

1. 企业简介

抖音是一款专注于年轻人的音乐创意短视频社交软件，用户可以拍摄60秒以内的短视频。自2016年9月上线以来，迅速成为中国短视频行业用户和作品增长最快的平台。抖音强大的流量聚集能力是企业实施短视频营销传播的温床。在抖音上，用户可以随时随地拍摄短视频"记录美好生活"、浏览其他用户的作品、结交志趣相投的朋友，个性化的推送机制使用户能够准确、快速地获取信息。

2. 商业模式

在大卖场的关店潮下却依旧盘下7间店铺，月入几百万元。本该在大

城市追逐梦想的海归电影人，却在小城里做着抖音直播。每一个直播一夜致富的故事都激发着实体店老板对直播的热情。

但露出水面的不过是冰山一角。即使是从盛极一时的娱乐直播转型做短视频，投入的不管是 600 元的抖音蓝 v，还是 160 万元的巨资，都未掀起任何波澜。直播下乡打破了这个局面。十年前，小城市形成了一条蔑视链，从在大城市工作的学者到公务员、店主，再到工厂流水线工人。现在，直播带来了大学生回潮，它正在不断地打破这条鄙视链。

（1）小城"薇娅"——关店潮下连续盘下 7 间店铺。

在那个近乎倒闭的小商圈里，透过玻璃窗便能看见凌乱的衣架和裸体模特，谁能想到这曾是小城时尚的焦点——新天地，森马、以纯等品牌，网红服装店，甚至曾经"哎呀呀"这一中国最大的饰品连锁品牌之一都在此处。

与这冷清的氛围迥然不同的是，一家近 400 平方米且装修时尚的新开张服装店却忙得不可开交——堆积成山的包裹等待着工作人员打包发货，偶尔几个行人拿着手机朋友圈的分享走进店铺。要说这是一家网店仓库也不为过。

谁能想到，花 48 万元租盘下这间门店之前，元心在另一个服装卖场一度租下 7 间店铺。货堆满了店铺，甚至还占满了店外的走廊。她离开待了八年的卖场之后，那花了 67 万元盘下的两个门店，至今门可罗雀。

2018 年下半年，元心开始做抖音短视频的时候，这种致富秘诀还不为卖场中的其他人所知。2020 年疫情后，她的直播事业坐上了快车。她离开卖场时，几乎每一个店铺都架着"直播神器"，面对直播间少得可怜的粉丝挑灯直播，架满店铺的环形补光灯和手机支架显得格外讽刺。

没有生意的午后，卖场里尽是老板娘们关于元心直播致富的八卦传闻，"你听说了吗？元心直播后换了房子、车子。""她有团队做的，听说投入了上百万。"生意最好时月营业额达到 600 多万元，但你要问年利润，元心自己都还没有清算过，她觉得离年入千万还差点距离。但元心否认了店内传闻："房子和车子是我在做直播之前买的，要算成本的话，我每个月都要支出 50 多万元，包括店租、人工、运费等。"和薇娅如出一辙，这位10年女装店老板娘在做直播后一朝蜕变成疫情期间卖场中最赚钱的。尽管大家开始习惯直播卖货这种方式，但对于小城市的居民来说，薇娅、李佳琦还是陌生的。

2018年10月，快时尚风的装扮配以抖音热门曲目和特效快速吸睛，元心的第七个抖音短视频迅速走红。在元心心中，文案是最重要的，就如那点赞过万的视频文案——"愿你们这个冬天有人爱，有人陪，有人暖，深情不被辜负，事事都有回应，愿这个冬天一切都好。""心这个东西很贵，给对了人就是无价，给错了人就是一文不值，喜欢跟善良可以免费，但绝不廉价。"只要一条视频火了，其他老板娘就开始模仿拍摄，复制文案，那些熟悉的曲调在一时之间充斥了整个卖场。

同质化竞争是十分残酷的。一个日售千件主播的背后，是大量门店中无数衣服滞销的残酷现实。杭州四季青不再允许直播，广州多个服装批发市场只同意直播卖当季服装。直播带货风靡一时带来的，是打乱市场定价的超低直播价格、新款服装样式的泄露和抄袭等打破市场原有平衡的行为。

相较而言，元心所在的卖场属于末端门店，虽然不似批发市场有价格优势，但好在市场阻力相对较小。2018年10月元心开始拍短视频，逐步盘下7间店铺。2020年1月2日开始她的第一场直播，8个月后，转战400平方米的新店。

元心没有专门运营抖音号的团队。在她的第一个号被限流后，元心花600多元注册了一个蓝v抖音企业号。运营微信私域流量的客服团队让她花费了大成本。每一个微信号好友上限是5000人，而元心的18个微信客服号几乎满员，也就是说，元心积攒了近9万的私域流量，这是一个让很多品牌都望尘莫及的数字。但数字背后是每天七八个小时直播的超耐力。元心那会儿舍不得停播，下午直播后又是晚上直播，下播后她又要为下一个直播做准备。

（2）海归电影人——转型直播月营业收入近百万。

宋迪（化名），一个"90后"海归电影人，回国后，她在杭州工作了一段时间。尽管在上海的男友工作稳定买了房，她却依然选择了杭州和上海中间的一个三四线小城市——湖州织里，她母亲做了多年布料生意的地方。在那个流行"走出去"的年代，母亲那辈人去迪拜做了十几年的外贸生意。而宋迪这辈人，却开启了回乡的热潮。近年来，仅湖州德清的莫干山就有3000多人回乡创业。

新冠肺炎疫情过后，一、二线城市打响了抢人大战。落户上海的李佳琦、获得杭州直播人才奖励的薇娅……年销售额5亿元以上的全国100强头部主播将获得200万元以上的奖励，政府还在落户、医疗、车牌招标补贴等多方面给予相应待遇。随着三、四线城市人才政策相继出台，抢人大战愈发激烈，而直播在大众心中的认知也上升到促进经济复苏的层面，与快手、抖音、淘宝直播等平台成立的直播产业链基地拔地而起。

宋迪自2020年12月才开启她的抖音直播之路，相较入行稍早的元心，她更喜欢把自己的成功归因于运气。独到的选品眼光是宋迪杀出重围的法宝。尽管寒冬席卷大地，每晚还是有800多网民涌入她的直播间，儿童厚款家居服一抢而空。第一个月成交额就达七八十万元，净利润高达一二十万元，是最初在杭州工作一年的收入。

第一个月直播的成绩让宋迪更加坚定了自己的选择。于是，她和母亲花600多万元盘下童装城里的一个双层店铺。母亲在一楼开着布行，宋迪在二楼开着直播间。固然有政策的扶持，直播事业的发展还有很多不确定因素。开始赚的利润很快变成了库存，这些库存又必须很快去变成利润。与新入局者不一样的是，她靠着10年来与服装档口的交情与信任，每天会有一辆货车从杭州四季青运送样衣到她的店铺，先预售后下单，货款月结。

新冠肺炎疫情之下的湖州织里传着靠熔喷布收入过亿的神话，几乎所有布行、所有工厂都在试水、转型，湖州织里普通店家也转向做视频直播，宋迪只是其中一个的缩影。然而直播平台之多，每个人都在尝试，多少人不断砸钱，十几万、几十万，到头来不过是一场空。

3. 总结与启示

下沉市场解放了购买力，几乎所有平台席卷着农村，下沉是它们获得新流量的最佳方式。科技和互联网正以一种超乎想象的速度改造着小城市。要不是看到身穿白大褂的医生，没人能相信星巴克、超市和服装店出现在一个三、四线小城市公立医院里。穿过住院部旁的图书馆就来到了急诊大楼，大厅琴声悠扬，钢琴在阳光下璀璨生辉，送药机器人倒吸在天花板上，导航机器人分担着护士的咨询工作，一时之间，未来现实的交替充斥脑海。

新冠肺炎疫情之下，小城里处处都是科技和互联网下沉的痕迹，这无疑在解答回潮的原因。一个又一个年轻人直播下乡回村，他们在这里创造更多的可能。

（资料来源：笔者根据多方资料整理）

本章小结

抖音引流包括微信引流、直播引流和网店引流。而变现方式包括广告变现、卖货变现和IP打造变现。广告变现的关键是用户的使用体验。带货变现成为了一种火爆的变现方式，成本比较低，同时也能够借助平台的流量来吸引客源。IP打造就是通过各种不同的方式来打造一个富有影响力的品牌或个人形象，通过打造IP来赋予IP更多的价值。抖音打造出了许多IP，这些IP通过设定人设来源源不断地向受众传递内容。同时，在抖音进行品牌营销具有以下几个优势：庞大且优质的流量、超高的曝光度、营销成本相对较低、内容具备表现力和影响力、形式更加丰富、专业的运算和技术、超强的带货能力、巨大的增长空间。

第三章 快手——拥抱每一种生活

快手是用户用来记录和分享生活的平台，从最初的制图工具，到如今的短视频行业里的佼佼者，快手已经积累了数量相当庞大的用户群体，不管是在流量变现方面还是在商业价值方面都取得了较快的发展。

快手转型为短视频内容社区之后，是希望通过大数据、互联网等科学技术为产品赋能，从而给用户提供一个可以进行内容创作、分享生活和传播信息的平台，让用户可以用图片、短视频甚至用直播的形式记录和分享自己的生活，同时也能看到更广阔、更有趣的世界，提升人们的幸福感。基于快手所形成的"老铁文化"和自带流量集聚的天然属性，它的商业价值也被挖掘，吸引了无数品牌商和运营者的加入，通过快手进行营销是目前非常普遍的一种方式。

快手在凭借独特的内容生态和高效的运营技巧吸引流量的同时，也衍生出了电商和广告等变现方式，进一步提升了自身的商业价值，为未来的高质量发展打下了坚实的基础。

> 幸福感最底层的逻辑是资源的分配，而注意力是互联网的核心资源，快手的使命就是用有温度的科技，让更多人得到注意力，提升每个人独特的幸福感。
>
> ——快手创始人兼 CEO　宿华

学习要点

☆ 快手的创造要素
☆ 快手的运营方案
☆ 快手的营销方法

开章案例

短视频第一股来了！万亿市场争夺战火力全开

1. 公司介绍

近几年，短视频市场发展迅速，竞争也越来越激烈，作为短视频行业里的"开山鼻祖"，快手已经积累了多年的用户和运营经验。2011年，快手创立时还是一个制作GIF动图的便捷工具，之后转型为短视频社区，经历了中国短视频和直播兴起的全过程，在多年精心运营和不断完善的努力下，快手已经将广告、直播和电商三驾马车打造成企业的核心竞争力。

在抖音没有开发之前，快手在短视频行业的地位可以说是一家独大，其他短视频平台不管是在用户方面还是内容方面都没有竞争力，所以快手的估值在业界和资本眼里也很高，曾经达到了4000多亿港元。但是，2017年抖音的横空出世打破了这个稳定局面。虽然抖音出现的时间稍晚，但是凭借着个性化推荐机制、操作便捷和用户群体范围广等特点，在短短两年的时间就赶超了快手，现在短视频行业也形成了"南抖音，北快手"

的竞争局面。之后抖音和快手的竞争也渐渐从流量和内容拓展到了其他方面，特别是在直播电商兴起之后，二者在直播变现方面的竞争更是激烈。

快手跟抖音相比虽然没有绝对优势，但是凭借多年积累的经验和长远的发展眼光，快手在上市方面的动作一直没有停过，不管是出于套现还是抢占市场先机，又或者是其他目的。快手率先在香港上市拿下"短视频第一股"，暂时取得了阶段性胜利。快手采取的一系列商业模式是其能够成功上市的一个重要原因。

2. 商业模式

早在2019年快手就有上市的想法，还准备把美国作为上市地点，但后来瑞幸咖啡事件引起了不小的轰动，也让快手打消了在美国上市的念头。之后市面上一直有抖音即将上市的传闻，无形之中给了快手很大的压力，为了率先争夺商业化的新砝码，2020年11月5日晚上，快手向香港联交所递交了招股申请书，拉开了上市征程的帷幕。

2021年1月15日，港交所发布了快手通过聆讯的消息，开始进入上市倒计时，1月18日正式进入招股阶段，招募金额约50亿美元，2月5日快手挂牌上市，领先成为国内"短视频第一股"。强大的商业价值和优越的发展前景使快手在资本市场被很多人看好，出现了非常火爆的认购局面。对快手首次发行的股票基金感兴趣的主要有三类群体：国内知名的上市公司、机构投资者和基金人士，它们通过各种方式争取拿到更多的快手份额。据快手招股说明书显示，腾讯公司以21.56%的持股比例成为快手的最大股东，快手联合创始人宿华的持股比例为12.648%，同时百度、晨兴资本还有淡马锡也是快手的股东，快手的股票基金可以说非常抢手。

虽然前几年快手的整体运营情况是比较乐观的，一直处于盈利状态，但从招股说明书披露的信息来看，2020年快手的净利润是亏损的，经过调整统计后亏损额高达72.4亿元，这与之前情况相比要差了许多。当然数据显示，2020年快手在产品研发、市场营销、人才引进和储备以及大数据中心建设等方面做了很多资本投入，所以才会造成亏损，并且这些投入是长期的，未来可能出现持续亏损的情况。快手在这个时刻采取的一系列变革措施，是为了在未来短视频这个万亿变现市场打下坚实的基础。

经过多年的发展和洗牌，短视频市场开始慢慢步入沉淀期。行业内具有规模优势的除了快手还有抖音，这两个"领头羊"是对方最大的竞争对手，并且二者都是以电商、广告营销和直播打赏等方式来变现的。快手凭借丰富的运营经验在内容丰富度和用户规模上都有一定的行业优势，但是在内容的商业化方面还处于发展阶段，所以快手也在着手打通教育、游戏、广告和电商等商业化变现路径，希望能够通过长期的投资打造出一条新的成长曲线。

除此之外，快手在降低直播业务营业收入的同时，正在努力提高广告业务收入，希望能在较短的时间内实现从"直播驱动"到"广告驱动"的转变，届时广告业务创造的营业收入将会成为快手营业收入总额的重要支撑部分，为快手将来占据短视频市场有巨大的作用。从快手上市可以看出，短视频行业的竞争已经进入了下半场，谁能率先上市谁就占据了先机。

2020年之前，抖音和快手都是以争夺用户为战略重点，但细心的人可以发现，二者的内容开始慢慢变得同质化，吸引的用户也大多类似，而且除了内容相似之外，功能和产品形态也慢慢走向趋同，个性化推荐机制以及操作步骤都没有本质上的区别，用户也很难区分二者。在变现模式上快手和抖音都是以广告变现、直播带货和直播打赏三类为主，唯一不同的就是二者在这几方面的收入占比不一样。而且快手的"老铁文化"在形成过程中，也遭到了许多用户的吐槽，内容老土低俗、带货主播信誉度低等问题层出不穷，所以快手需要在企业管理、内容创新和商业变现等方面采取新的变革，才有可能改善自己的形象和提高商业价值。

所以，从2020年开始，抖音和快手就在加速商业化转变方面展开了激烈的竞争，快手的变革具体体现在更新软件版本、加速公私域流量的打通、大力发展电商业务，同时也提高了在线营销服务的收入。而字节跳动则是为了抖音的电商业务专门成立的电商部门，同时引进了罗永浩等网红明星，为直播带货助力。在二者势均力敌的情况下，唯有上市才是率先突破的新砝码。在快手向港交所递交招股说明书之后，字节跳动也有将抖音上市的打算，但还是快手抢先一步上市了，占据了"短视频第一股"的地位，也推动了其今后的发展。

3. 发展与启示

在快手正式上市之前，A股的"快手概念股"就展示出了向好的态势，其中与快手展开合作的因赛集团在2021年1月15日大涨20%。作为一个从事整合营销传播的服务商，因赛集团在网红直播营销方面也已经有了一定的经验，与快手签订年度框架协议之后，将进一步推动公司核心业务和网红直播营销的深度融合发展。2019年年末，引力传媒也和快手在短视频的研发、运营和生产等方面展开了战略合作。一线互联网公司和新媒股份共同构建的互联网电视多元化矩阵也和快手展开了合作。总之，这些战略合作对于推动快手商业化转变具有深刻的影响，所以快手上市在提高商业价值上是非常有利的。未来短视频行业的市场红利将高达上万亿元，竞争也将越来越激烈，抖音上市对快手来说可能会是一次不小的冲击，能否在今后的发展中保持较好的竞争力，保持"短视频第一股"的地位，将阶段性胜利不断延伸，快手还需要在运营和创新方面不断做出调整和改善，将长期价值的效应发挥到极致。

（资料来源：笔者根据多方资料整理）

第一节 快手的创造要素

在内容为王的互联网时代，不管是采用什么样的营销方式，最终吸引和留住用户的都是高质量的内容。快手短视频就是凭借内容闯出了自己的一番天地，并且随着时间发展也在不断创新内容和提高质量。要得到更多用户的认可和信任,就需要不断输出有价值的优质内容。快手的创造要素可以从内容底蕴、内容生态和内容画像三个方面来展现。

一、内容底蕴:品牌+产品+话题

快手的内容底蕴是由品牌、产品和话题三者组成的。快手短视频平台的初始愿景是为了提升用户的幸福感,让他们能够在其中找到自己感兴趣的内容和人,进而产生互动和情感交流。但随着越来越多的创作者加入到内容创作中来,吸引了越来越多的用户,快手就变成了一个大型的流量集聚池。互联网时代也是流量为王的时代,利用流量变现是所有企业家都在做的事情,所以快手就成了一块香饽饽,吸引了无数用户和商家入驻,久而久之就积累了雄厚的内容底蕴。有价值的内容种类如图 3-1 所示。

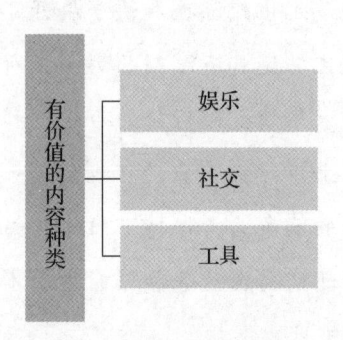

图 3-1 有价值的内容种类

品牌商选择入驻快手的主要原因是希望通过短视频的形式来推广产品。随着电商行业的快速发展,线上行业也开始进入竞争的白热化状态,单纯依靠图文和广告已经不能为增加新客户提供较大的动力了,所以自带流量属性的快手平台就成了品牌商的新阵地。品牌商通过创作短视频内容,把品牌理念、品牌产品和品牌文化都讲给用户听,不同于简短的广告内容,快手里有各种各样的营销方式,除了展示商品,还可以将公司的员工状态以及工作氛围等展现给大众。这种方式不仅可以扩大产品的知名度，还可以增加企业品牌的影响力，吸引更多用户的关注，最终带动品牌的销量。

讲好品牌故事也是抓住用户眼球的一个诀窍，人们往往会被精彩的故事所打动。许多企业在构思短视频内容时，会自然而然地把品牌发展史当作一个亮点来打造，希望用以往取得的成绩和产品创新来打动消费者，但其实这样的内容是毫无吸引力的。一个好的故事背景能比大量的营销广告带来更多的流量和关注，如之前热度特别高的 DR 钻戒，就是通过对爱情和婚姻的信仰来营销的，许多创作者在短视频中打造场景小故事来解读 DR 钻戒背后的故事，让很多用户都被吸引了，不仅带动了产品的销售量，也让品牌在短短几年的时间内就获得了超高的关注。

快手的内容几乎涵盖了人们生活中的方方面面，其中很多创作者能够以短视频的形式，教用户如何玩转产品。之所以会选择这种方式，主要是现在的市场，人们的需求小于供给，所以从人找货演变成了货找人，商家需要用更加独特的方式来吸引消费者的注意力，进而促进交易。比如快手中有很多专门做测评的用户，他们通过亲身体验各种家居用品、电子产品还有服装配饰，来向受众分享产品体验的心理感受，以及指出产品的优点和不足，这种体验式消费更能赢得消费者的信任。不是单纯的吹捧产品，而是让消费者可以根据自己的需要和喜好来选择适合自己的产品，这种方式能够激发用户对产品的好感度，进而为品牌带来更大的经济效益。

快手中也有很多创作者是以传授技能为主的。如摄影是现在许多年轻人都喜欢的，甚至买了大量的装备学习，但是不能拍出自己想要的效果，专业的培训班价钱又太高了，而且自己也没有足够的时间来系统地学习，所以长此以往就荒废了。短视频的出现，使碎片化的时间能够发挥更大的利用价值。许多专业摄影师将拍摄技巧记录成多个小片段，发在快手平台上，这样用户就可以根据需要学习相应的知识。更有趣的是，很多创作者为了让更多普通人可以接触到摄影，会选用一些大众化的手机来拍摄，而不是昂贵的相机。用普通相机就可以拍摄时尚大片，让很多用户尝到了甜头，在玩转产品的同时，对短视频的需求也就更大了。

优质的内容背后总需要一个有热度的话题，这样才能充分激发用户的参与感。快手短视频里经常有很多非常有创意的话题，获得了很高的热度。如某知名博主发起了一秒钟丸子头挑战大赛，激起了很多人的挑战欲。用户展现的丸子头视频中，却暴露出发量少和发际线高等问题，进而引起了更多用户的关注和共鸣，许多人都在评论区进行讨论，纷纷吐槽自己面临的问题。也有很多用户分享了自己关于护发和扎丸子头的经验，得到了很多支持。话题量也随着点赞率和转发率的增长而不断增加，成了热门话题。从这个话题的火爆程度可以看出，越是接近人们日常生活的有趣话题，越能够吸引更多用户参与进来，从而形成有流量、有热度的话题。

专栏 3-1

60岁农村大爷用竹子做自行车，一夜爆火

1. 人物介绍

在科技如此发达的今天，工厂里机器日夜不停地运转，一模一样的产品成批地被生产出来，人们不停歇地工作，效率似乎成了这个时代获得收益的必要条件。但在世界的许多角落，依然有很多手工艺人坚持手工制作，奢侈品牌因为加上纯手工这个标签，商业价值得到了很大的提高。通过快手短视频等社交平台，国内一大批纯手工艺者也获得了大量的关注，除了精巧的手艺，更吸引人的是他们朴素的情感和对传统手艺的那份坚守和传承。

60岁的阳志友就是通过快手短视频走红的一位手工艺人，因为爷爷和父亲都是木匠，所以他从小就对木工活耳濡目染，拿起工具就能做一些基本的木活。十几岁的时候，因为生存条件艰苦，村子里渐渐多了很多铁

匠、篾匠还有木匠，学成之后出去找活干，阳志友也决定跟着父亲专门学手艺，这样还能有一技之长傍身，不至于饿肚子。从掌握基本诀窍到制作家具和生活用品，再到房屋装饰，阳志友的木工做得越来越好。后来钢筋和混凝土建筑以及其他标准化的家具用品成了主要的消费市场，木匠越来越难接到活，许多木匠都被迫放弃手艺寻求其他的出路，只有阳志友日复一日地坚持着，不断打磨自己的技艺，赚的钱虽然不多，但维持生计也是够的。

2. 商业模式

本来以为剩下的半辈子都要在平静中度过，但侄儿赵斌将阳志友做木工的视频放到快手之后，他的生活有了不一样的色彩。赵斌觉得快手平台是大家分享生活的地方，有手艺的人会被更多人喜欢，而且阳志友的手工这么棒，应该被网友们知道。

不出所料，随手拍的一个用墨斗弹直线的视频就达到了上百万的播放量，之后的一些制作小板凳和竹钉以及架房梁的视频也获得了很高的热度。为了能够在更短的时间内获得大量的粉丝关注，阳志友在创意方面做了很多考虑，要用新奇的东西抓住用户的眼球，所以他想到了用竹子来替代木材作为手工品的原材料。

竹子在广西地区是非常普遍的植物，因为数量太多，利用的又少，所以价值比较低，当地人也没有用竹子做工艺品的经验。阳志友选择竹子的原因是因为它是空心的，比起木头来更难掌握，质量不好的容易开裂，所以对手工艺者的能力要求更高，更具有挑战性，这样个性化的设计能够增加自身与其他同类创作者的差异化，增加用户黏性。除此之外，从小在竹林长大的阳志友对竹子有深的了解，知道不同的品类适合用来做什么。所以之后他在视频中就向网友展示了用竹子制作隔板、雕刻技术还有非常实用的竹笋拖鞋，被网友们纷纷叫好。

随着热度渐渐升高，网友们也对阳志友提出了想法和创意，希望他能够制作竹子高跟鞋，他和儿子还有侄子就真的采取行动开始做，还在鞋面上加上了香奈儿的 logo，以纯手工复刻了奢侈品。这个视频一出来瞬间成了热点话题，阳志友也被更多网友所熟知，凭借超高超的手艺还有别具一格的设计，在快手平台中成了网红。

除了模仿鞋子和包这类奢侈品之外，阳志友也用竹子制作了和平精英里的武器和护具，打造了航空母舰样品，还有竹制皇冠和高压锅等新奇物品。不少用户都觉得观看阳志友的手工视频是一种视觉享受，但也有人吐槽他设计的产品都是中看不中用，并没有实际用处，所以阳志友和儿子花了一个多月的时间苦心钻研，打造了一辆可以骑的自行车，让那些网友彻底佩服。经过一年多的时间，阳志友本人在快手平台就积累了 20 多万的粉丝，这对于 60 岁的老人来说是一个巨大的成功。

3. 发展与启示

除了希望将传统手艺宣扬出去，让更多的人对木工产生兴趣，阳志友也希望南江的父老乡亲们可以通过短视频展现手艺发家致富。在他的带动下，"南江木匠"已经积累了将近 300 万的粉丝，网友们都对这类手工艺人产生了无比的喜爱和敬佩，希望他们能够将中华传统技艺传承下去，而且也有很多网友被阳志友的技艺所感染，希望能够跟他拜师学徒。总之，因为快手，阳志友可以成为知名的网红，但精湛的手艺是他可以成功的关键，加上积极与粉丝互动交流，增加他们的参与感，建立了深厚的感情桥梁，培养了很多忠实粉丝，未来他也会带来更加惊艳的作品，走出快手，走出国门，面向全世界。

（资料来源：笔者根据多方资料整理）

二、内容生态：纵向 + 高密度

短视频行业利用科技赋能，为人们提供了更加便捷有趣的娱乐方式，但随着大规模的用户和品牌商家涌入这个行业,信息量也不断增加,人们每天通过短视频接收的信息不计其数。虽然有个性化推荐机制,但很多价值不高、质量低劣的内容还是会推送给用户,长期下来,已经摸清了快手运行机制的用户就会自动忽略掉这些内容。也有许多创作者会发现自己发布的短视频内容,有时候浏览量非常高,也获得了很多点赞和转发,但是自己的粉丝数量却没有增长多少,这就要求创作者转变思维,既要长期坚持发布作品,也要保证视频的质量,采取纵向和高密度的打法,不断增强自己的持续性和专业性,这样才更容易将目标用户转化为自己的粉丝。

快手中有很多从事不同内容的创作者,在创作初期,往往不知道该如何运营自己的账号,每天发布的内容性质都不一样,完全跟着热点走。这样虽然能够给自己带来一定的流量,但是时间长了就会发现并不能积累到很多粉丝,因为快手的推荐机制是根据用户的喜好和兴趣来运行的,片段式的内容能够吸引到用户的目光,但是却不能留住用户。所以,创作者的视频内容一定要纵向化,选择了一个领域之后就一直做这个领域的内容,不能频繁变换,这样才能使自己的粉丝量不断增加。

比如现在很多快手用户都在做影视剧方面的内容,根据自己的想法还有喜好将每一集或者某一部分最精彩的内容提取出来,搭建一个新的相对完整的故事,让用户可以用短短几分钟就可以对故事有足够的了解,从而避免因为时间不够而失去追剧的乐趣。在做这部分内容的时候,创作者就要采取垂直化运营的方式,首先要确保所有的内容都是在影视剧领域,而不是综艺或者其他领域的,这样才能积累目标用户。其次要保证内容的完整性。很多用户对某个视频感兴趣往往会进入主页观看后续的情节,内容优质的话就可能会关注,如果只有开头没有结尾,则会给用户留下不好的印象。所以,垂直化运营是将快手账号做大做强的一个重要基础,创作者需要时刻注意。

自媒体是一个很神奇的行业,加入的人都能从里面获得一点利益,但真正能够做大做强的却在少数。快手短视频也是如此，许多创作者抱着大火的心态来到这里，每天绞尽脑汁搞创作，希望能像那些头部网红一样获得超高的流量，从而进行流量变现。但没有谁是不用付出努力就一蹴而就的，除了少数幸运者，大多数创作者都是在长时间的低收益过程中熬过来的。快手短视频的收益一开始很少，甚至在开始的几个月或者一年的时间里都是微薄的收入，但只要长期坚持，每天以固定的频率发布作品，几个月过后收益一定会以肉眼可见的速度飞涨。很多创作者就是坚持不了，三天打鱼两天晒网，所以收益一直没有增加。

高密度并没有一个准确的定义，如果创作者是专门从事短视频行业的，那么一天可以多发布几个作品；对于兼职的创作者来说，每天一到两个就够了，不需要为了达到数量目标而焦虑。而且不管作品数量的多少，质量都是要保证的，只有高品质的作品才能够吸引用户，并且留住用户，增加自己的商业价值。

因此，在快手平台中，要坚持纵向和高密度的创作，放弃大而全，专攻自己擅长的领域，长期保持稳定的更新频率，这样才能积累到庞大的用户群体，获得更高的流量和热度。

专栏 3-2

"瑜大公子""吸粉"两千万，有什么诀窍

1. 人物介绍

"瑜大公子"本名周瑜，是杭州遥望网络科技有限公司旗下的头部主播，入驻快手之后，成了一名热度很高的美妆博主。作为男性，他在美妆方面的专业能力一点也不逊色，甚至比许多美容专家更懂护肤美妆，这与他的人生经历有很大的关系。

在青少年时期因为外形不佳，周瑜总是被他人嘲笑。为了改善自己的外貌，他从 17 岁就开始护肤了，到今天为止已经有了 13 年的护肤经验。

之后他又做了将近6年的礼仪老师，商务礼仪不仅包括言行举止，也包括女士妆容，这么长的工作经历使他积累了丰富的美妆知识，也培养了更多自信。

加入遥望网络之后，他采用了"瑜大公子"这个艺名，因为专业能力过硬，加上不错的口才，所以他获得了很多露面的机会，经常和同公司的王祖蓝进行搭档直播，有幸被很多粉丝认识，逐渐有了一些名气。2019年9月，"瑜大公子"入驻快手，成为一名美妆主播，不到三个月就获得了120万粉丝的关注，他的快手小店销售额也不断创造新纪录，发展速度非常快。不到两年的时间，"瑜大公子"在快手就坐拥了"2000万+"的粉丝，直播交易额也取得了不错的成绩，最高的销售记录是单场直播达到3.68亿元，曾经3秒卖出了5万件爆款商品。这些成功的背后，是他独特的运营方法在助力。

2. 商业模式

首先，"瑜大公子"在入驻快手时给自己的定位是美妆主播，一方面是因为自己有十几年的护肤美妆经验，具备了较强的专业知识；另一方面是因为自从短视频行业开始火爆之后，越来越多的男性加入了美妆这个行业，凭借着男性审美这个天然优势，让用户迅速被他们的内容所吸引。比如口红达人李佳琦就是较早的一批男美妆博主，有了他的成功示范，"瑜大公子"在从事美妆行业有了更大的自信。所以，在综合考虑各方面因素之后，就把自己的快手号定位为美妆护肤。许多粉丝被他专业的美妆技术所折服，加上他本身是真的热爱美妆，一直在用心地向观众传授经验，有条理有逻辑，不弄虚作假，人物形象非常正能量，所以粉丝的数量也是不断上涨，他推荐的产品也能够得到更多的信任和支持。

其次，团队的精心设计也是"瑜大公子"能够快速成功的一个重要原因。美妆达人在变现模式上有多种选择，既可以在短视频内容中进行产品植入，也可以在线下举办活动，但对于"瑜大公子"个人的特点来说，还是直播带货变现更合适。"瑜大公子"在快手直播一段时间后，粉丝数量增加的幅度渐渐减小，团队立即改变直播风格，同时调整了直播的频率，推动了"瑜大公子"的热度。之后团队也打造了"瑜大公子"的专场活动，邀请了明星和公司高管助阵，同时还有110位品牌商加入，让他的直播战绩刷新了纪录，热度也上了一个层次。

最后，"瑜大公子"个性化的直播方式也是"涨粉"的一个主要因素。不管是线上还是线下，消费者愿意为产品埋单最终还是因为产品的质量。美妆产品对于每个人而言都有不同的效果，"瑜大公子"在直播间和短视频中都是以素颜出镜，不加任何美颜和滤镜，让观众可以直接观察到每种产品的真实效果，再根据自己的需要购买。这种不弄虚作假的带货更能够积累用户的信任，增加用户黏性。除了真实之外，"瑜大公子"还特别注重与粉丝之间的沟通和交流，真心对待粉丝。虽然直播带货是为了获益，但要想长期地留住顾客和粉丝，还是需要在产品和服务方面下功夫。"瑜大公子"销售的产品都是经过认真筛选之后才上架的，根据粉丝的需求提供她们真正需要的良心好物，不是单纯地为了卖货而卖货，以真心换真心才能获得可持续的发展，粉丝也会源源不断地带来新的粉丝。值得信赖的直播和产品不仅能够带来惊人的销售量，同时也会促进转化率的提升，提高商业价值。

3. 总结与发展

凭借着专业的知识、丰富的经验、值得信赖的产品和快手平台强大的支撑，"瑜大公子"在快手直播带货已经跃居前几名，在高手云集的快手电商中杀出了一条血路，甚至比辛巴和二驴等快手头部主播都具有更强的发展态势。未来"瑜大公子"会不断调整自己的运营方案，不仅要为用户带来更多高品质、低价格的产品，也要利用快手平台增加自己的影响力，在直播经济中闯下自己的一片天地。

（资料来源：笔者根据多方资料整理）

三、内容画像：四大要素

运营视频号不是一件容易的事情，特别是想成功地将自己的视频号做大做强，难度就更大了。在做好内容之前，创作者应该先对自己的目标用户精准定位，这关系到自己未来的成功。精准定位目标用户也可以使运营达到事半功倍的效果，从而以更快的速度积累粉丝和热度。寻找目标用户群体，可以从用户、动机、年龄和性别四个方面来构建内容画像，在这个基础上就能够高效地实现精准定位目标用户市场。

一般来说，目标用户是可以根据用户的需求来确定的。创作者在创作之前，要先确定自己要做哪方面的内容，也可以说是确定行业，因为每个行业都有相对应的用户。所以通过确定行业之后，再进行短视频内容创作，可以根据这一行业的特点，做一些创新和设计，吸引那些有需求的目标用户的注意力。比如有些从事摄影行业的短视频运营者，通常会在不同的短视频中展现不同情景的拍摄技巧，分享自己的摄影作品，让那些喜欢并且想学摄影的用户可以从中学到一些知识和技能。这些用户就是运营者的目标用户，他们对摄影有需求，会关注一些关于摄影的内容。找到这些目标用户之后，运营者在销售有关摄影的机器和产品时就会容易得多。当然将行业细分得越小，运营者越能够从事更加专业的内容创作，同时吸引到的目标用户也会更加精准，这样更有助于培养自己的忠实粉丝。

网红主播李佳琦能够吸引众多粉丝的一个重要原因，就是他精准的行业定位。李佳琦在专柜担任导购，为消费者推荐适合的口红，多年的工作经验让他对美妆有了很深的了解，所以从线下转到线上后，他就充分利用自己的优势，扎根于口红这个领域。李佳琦通过直播向观众展示每一支口红的效果，并且给出了很多专业的建议，让消费者找到了适合自己的口红。在日复一日的坚持下，他收获了许多粉丝的支持，几乎都是对口红感兴趣的，所以李佳琦的目标用户就是口红的忠实粉丝，这也为他直播带货打下了坚固的基础。如今只要是李佳琦推荐的口红，往往都能够成为爆款产品，花西子就是一个非常成功的例子。

从动机这个角度来寻找目标用户也是一个方法，毕竟大众在观看短视频内容的时候都有自己的动机。比如小孩子会有娱乐需求，喜欢看一些搞笑的内容；学生有学习需求，喜欢看一些名师讲课；上班族有休闲需求，喜欢看一些轻松有趣的内容，这些不同的动机使短视频行业被不断细分，因为用户的需求才是运营者真正关心的问题。用户的动机跟自己的三观、生活状态和所处的环境有很大的关系，所以创作者要摸清用户的动机，从而了解他们的痛点和需求，创作出更加有价值的内容。

快手平台中很多用户会经常发一些旅游的视频，除了想把更多美好的风景和事物分享给别人之外，就是想通过满足有旅游计划用户的需求，从而达到"吸粉"的目的。通常外出旅游的人对目的地的情况都不是很了解，哪里有好吃的好玩的，哪里住得便宜舒适，怎么出行最方便，这些东西都要考虑，所以他们只能通过网络来获取有效信息。创作者既可以展示自己外出旅游的经过，让用户获得类似的体验，也可以分享自己的经验，包括一些必去的打卡点、必吃的小吃，还有一些要避免的坑。旅游就是人们的动机之一，所以创作者可以从这类目标用户的特点和需求出发，制作相应的内容，可以快速吸引到目标用户的关注。

年龄是在区分不同用户群体时比较常用的一种方式。不同年龄的用户因为时代背景、成长过程还有所受的教育程度都存在较大的差异，所以他们对短视频的内容也持有不同的看法。70后对娱乐搞笑内容感兴趣、80后对社会和工作内容感兴趣、90后对影视剧感兴趣、00后则对追星娱乐感兴趣，所以创作者可以根据不同年龄段的用户需求进行内容输出，这样会更能满足用户需求。

除了上述三个方面之外，性别也是对目标用户实施精准定位的一个方式。不同性别的用户对短视频的内容和功能也有很大的区别，女性关注更多的是关于生活娱乐方面的内容，如美妆、明星、美食和购物等，而男性则对数码产品、技能学习和运动方面的内容更感兴趣。所以，创作者可以根据自身的特点来寻找自己的目标用户，满足他们的需求，从而吸引到更多的流量和关注，提升自己的商业价值。

在互联网时代，女性对娱乐和购物的偏好要比男性明显得多，所以导致大多数的创作者都是从女性角度出发来构思和运营，而忽略了男性在这些方面的需求。但这样的现象也为一些创作者提供了机会，从男性角度出发来寻找目标用户，反而能以更快的速度"涨粉"。如一些电竞和手游高手，通过短视频展示自己的技能和一些精彩的游戏片段，吸引了很多爱打游戏的男性用户，满足了他们对游戏观战和学习技能的需求，创作者本身也达到了"吸粉"的目的。

第二节　快手的运营方案

在大数据时代，优质的短视频内容往往能够获得更多的关注和热度，但一个优秀的创作者同样应该具备良好的运营能力。快手短视频也有一套运营方案，帮助创作者以更快的速度获得关注和热度，主要围绕精准定位、规划方案和内容设计三方面来展开。

一、精准定位：原创 + 垂直 + 干货

运营者除了要对目标用户进行精准定位外，对内容也要实现精准定位。定位不明确的内容可能通过蹭热度的方式得到一定的关注，但是对于增加粉丝却没有实质性的帮助。所以，运营者可以从原创、垂直和干货三方面来进行内容定位，从而增加用户的忠诚度和黏性。

首先，不管是在快手平台还是其他同类型的平台，原创一直都是大家提倡的重点。

因为在信息泛滥的互联网时代，短视频内容也存在同质化越来越严重

的问题，同一个话题可能有成千上万的相似内容，而且内容叙述的方式、拍摄技巧还有营销方式并没有什么区别，观众看多了也会出现视觉疲劳。而造成同质化越来越严重的原因，就是参与短视频创作的大多数人都不具备原创能力，只是单纯地通过搬运他人的作品或者自己进行简单的二次创作，这样内容的重复率就高了。之所以强调原创，也是从快手的推送机制来考虑的，原创度高，有自己的想法和创意的作品往往能够得到更多的推送和关注。所以，运营者要花精力构思，从不同的角度来展示自己想表达的东西，甚至是与人们日常相关的生活也能创作出非常优秀的作品。

实际上，随着短视频行业的不断发展，创作者的维权意识也越来越强，各个短视频平台也加大了对原创内容的保护力度和扶持力度。在快手平台，如果你的作品跟他人已发布的作品存在重复度高的问题，快手官方账号会认为存在抄袭的嫌疑，并且主动给你发私信，提示你不要转发、拼接或者翻拍他人的作品，鼓励你创作更多原创的优质内容。如果用户对这类提示不在意，依然选择发布重复率高的作品的话，平台会限制该作品的曝光率和展示的机会，用户账号的信誉度也会受到影响，不利于今后的发展。未来社会的原创意识会越来越强，对原创作品也会给予更多的支持，创作者要提升自己的原创能力，用优质的作品吸引更多的粉丝。

其次，在短视频创作中内容的垂直性也很重要。不管是娱乐性还是知识性内容都讲究连贯性，就是创作者根据自己的内容定位进行一系列的同质内容创作。比如现在很多用户都没有时间看电视连续剧，所以喜欢在快手上利用碎片化时间追剧，一集冗长的电视剧在快手中用几分钟的内容就可以表达完，所以节约了用户的时间，也增加了乐趣。大部分的短视频都会选择在结尾留下一点空间或者悬念，激发用户的好奇心，从而吸引他们点开创作者的主页，观看后续的内容。如此操作，通过提供垂直性的内容，使得用户更容易成为自己的粉丝。所以，运营者要高度重视垂直性内容，为用户带来更加完整的、有价值的内容。

最后，短视频内容里也少不了满满的干货。所谓的干货就是指内容要完整、充实、具体，不能全程无重点，用户不能从内容里面得到有价值的东西，所以自然不会被吸引。内容干货也不是非常难找的东西，很多短视频运营者的内容都是来源于生活，大到一场旅游攻略，小到开瓶盖，都有可能成为热度很高的话题。重点是用户可以从你的内容里获取有用的信息，不管是精神上的还是生活上的，这样才有可能引起用户的兴趣；而通过交流与互动，分享干货知识，也能够拉近彼此之间的距离，增加用户黏性。

专栏 3-3

"侗族七仙女"带动乡村振兴发展

1. 人物介绍

"侗族七仙女"是指快手平台中由七位土生土长的侗家姑娘组成的传播侗族文化的一个组合。因为快手短视频的兴起，不少偏远山区的农民和手工艺人都参与到快手的内容创作中来，并且获得了不小的热度，随之而来的是收益的增加和商业价值的提高。世世代代生活在贵州黔东南苗族侗族自治州的侗族人民，一直坚持着传统的民族文化和生活方式，不管是身上穿的民族服饰，还是一日三餐吃的用的，人们都是亲力亲为，在科学技术和社会经济高速发展的今天，这样的生活方式更能体现中国原生态生活的魅力。

为了能够推动当地的经济发展，同时也将侗族的非物质文化遗产发扬光大，在吴玉圣的带领之下，七位侗族姑娘组成了七仙女组合，在快手平台注册了名为"侗族七仙女"的账号，用短视频将侗族人民在大山里的生活日常记录下来。不同于搞笑快节奏的视频内容，"侗族七仙女"都是以郁郁葱葱的竹林、茂密的森林、青苔密布的石板路、古老的木质房屋以及清澈见底的溪流作为视频背景，将侗族人民洗衣做饭、播种施肥、收稻子、打谷子还有作嫁衣办婚礼等充满烟火气息的生活分享给网友。因为独具个性化的内容与拍摄手法,"侗族七仙女"很快就在快手平台积累了不少的粉丝,获得了很高的关注度。

2. 商业模式

目前,"侗族七仙女"在快手平台的粉丝已经增加到了128万,不少网友都被她们的精美服饰和美丽的生活环境所吸引,也非常希望可以去贵州欣赏一下当地的风土人情,视频内容的评论区都很热闹。可以说,通过快手短视频,侗族文化和美景都得到了更多的曝光。在积累到一定的粉丝数量之后,顺应网友们的需求,七仙女将当地特有的稻米、刺绣、小黄姜以及传统民族服饰都在快手小店上展示,获得了不错的销售量。

除了当地盛产的一些特色产品,短视频中还展示了很多侗族人民家家户户都会做的日常食物,包括辣椒酱、腌制稻花鱼、腊肉等。当然,几乎在每个短视频里都会出现的侗族特色服饰也抓住了人们的眼球,这些产品都在网友的呼吁下打开了销售渠道,并且遭到了人们的疯抢,可以说"侗族七仙女"凭借一己之力带动了整个家乡的发展。

七仙女利用快手短视频将自己生活的小村寨以及侗族文化带出了黎平,带出了贵州,走向全国乃至世界,这一切都是吴玉圣在背后推动下进行的。作为村寨的负责人,他没有选择传统的脱贫方式来帮助乡亲们脱贫致富,因为在贵州这样一个不发达的地区,少数民族不管是在设施还是技术上都跟不上时代的发展,给予村民补贴也只是解决表面问题,要想全面地振兴乡村,必须依靠村民自身,开拓新的致富方式。快手短视频提供了一个非常合适的平台,让黎平县盖宝村能够利用优美的自然环境和珍贵的侗族文化获得更高的曝光度,从而把家乡特产推广出去,带动乡村振兴的发展。

事实证明,七仙女这个真实又富有创意的年轻团队,通过优质的短视频内容构建起了和快手用户的共鸣,在弘扬传统文化的同时,带动了当地经济的发展，是一个非常成功的典范，为更多贫困山区树立了榜样。

3. 发展与意义

"侗族七仙女"在快手上吸引了大量的粉丝关注后，作为贵州省较有影响力的乡村振兴代言人之一，除了为家乡带货、推广侗族文化外，也没有停下发展的脚步，她们希望能够站在更高的舞台上，传承中华民族优秀的历史文化，进一步带动贵州省的经济发展。

在2020年全国外宣协作会上，《在大山深处挖掘对外传播的宝藏——以贵州2020年侗族七仙女系列纪录短片为例》在一百多个参选作品中脱颖而出，获得了超高的赞誉。纪录片主要是以侗族人民制衣、烹饪、采摘和做茶等生活场景为主题，向国内外展现了最原生态的中国故事。纪录片的播放将七仙女的热度推向了一个新的高度，同时也带动了当地旅游和农产品的发展，快手短视频的曝光率也得到了提升。

总之，未来七仙女团队将探索更多营销方式，用更多元化的渠道讲好侗族文化，说好中国故事，带动更多乡村的振兴发展。快手也会利用自身平台的流量优势和营销经验，在扶贫事业上做出更多努力，传递更多正能量。

（资料来源：笔者根据多方资料整理）

二、规划方案：目标是曝光率和转化率

运营短视频之前，必须有一个完善的规划方案，为日后的发展打下基础。运营方案包括内容创作、营销方法、媒体工具等，但很多运营者都没有意识到运营方案的核心是运营目标——确定什么样的目标决定了你未来努力的方向和冲劲。不管是做哪方面的内容，快手短视频运营的终极目标都是得到更高的曝光率和转化率。

首先，提高曝光率就是让更多用户看到你的作品，观看的人越多越

好，这样就能够积累流量和粉丝。从快手平台那些获得成千上万播放量的短视频来看，它们共同的特点就是选题新奇、表达清晰、内容创新度高，虽然内容覆盖面很广，但是用户可以从中获得一些有价值的东西。也就是说，视频内容对用户而言是有价值的，这个价值对于不同的用户群体而言是有差别的，所以运营者需要根据不同目标用户群体的需求进行选题。适当地结合一些时尚热点"蹭热度"也是可取的，并且尽可能地融入自己的想法和创意。最重要的是从用户的角度出发，输出真正有价值、有意义的东西，而不是一味地为了营销而营销。

只有得到了用户的认可和信任，才能将内容传播得更广，曝光率也会因此提升。比如快手中有很多做电子产品测评的运营者，通过对当下比较火热的手机品牌进行不同功能的测试后向观众分享自己的感受，并且指出产品的优点，从而使消费者可以根据这些测评结果选择自己喜欢的手机品牌。

优秀且专业的运营者会选择一些比较新颖的话题进行创作，并且蹭一些热门新品的热度，往往能够获得更高的曝光率。但"蹭热度"是需要一定技巧的，如果操作不当，不仅不会为作品带来更多曝光率，还可能被平台认为内容质量不高，从而影响账号的运营。要正确地"蹭热度"，第一，运营者要熟悉快手平台用户的使用习惯和兴趣点，并且每天关注"发现"页面关心的热点话题，从而根据自身账号的内容定位以及个性特点，创作出和热点相关的内容，这样就可能会获得更多的推荐和关注。第二，运营者可以从热点人物方向来着手。热点人物有两种类型：一种是近期热度较高的、媒体和网络有很多报道的人物；另一种是粉丝数量较高的短视频运营者。运营者通过将这些人物的名字或者相关话题插入标题以及添加相应的标签，也可以提高短视频的播放量。第三，"蹭热点音乐"也是近期比较火热的运营方式。音乐在触动观众情感和建立联系方面有着天然的优势，并且传播范围也更广。每天都会有新的热门音乐出现，运营者利用这些热点音乐来为视频内容增添乐趣或者渲染氛围，能够得到更多用户的喜爱，从而增加视频的播放量，曝光率自然也就提高了。第四，拜托熟人转发。拜托熟人转发的技巧如图 3-2 所示。

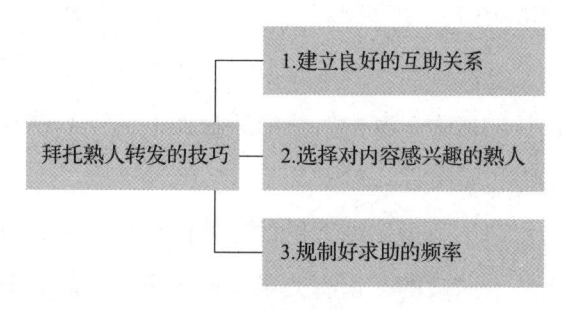

```
拜托熟人转发的技巧 ─┬─ 1.建立良好的互助关系
                  ├─ 2.选择对内容感兴趣的熟人
                  └─ 3.规制好求助的频率
```

图 3-2　拜托熟人转发的技巧

其次，运营方案的另一个目标就是转化率。只有将自己获得的曝光度和流量转化为商业价值，才能够从短视频行业中获益。电商行业崛起之后，通过短视频或者直播带货成了一种主流形式，拥有很高热度的头部网红利用自身积累的粉丝流量开启带货模式，不管是在短视频中穿插产品和广告，还是在直播间进行直播带货，都是将流量变现的一种模式。

在快手平台中有许多粉丝数量破千万的运营者，但是真正通过商业变现获得成功的却没有多少。快手中的带货达人最有名的就是辛巴，他所带领的辛选直播间创造的销售量是整个快手平台最高的。虽然是草根出身，但是辛巴从一点一滴做起，靠着自己的努力与用户之间搭建起了信任的桥梁，充分利用"老铁文化"将自己的流量转化为商业价值，所以他成了运营者的榜样。当然，转化率也有高低之分，庞大的电商交易量背后往往意味着较高的退货率，这跟运营者没有慎重选品有一定的关系。只有真正为消费者考虑，为他们提供物美价廉的产品，才能保持长期的高转化率，也才能进一步提高自己的商业价值，受到更多品牌和投资者的青睐。

三、内容设计：热门话题 + 优秀标题

在互联网时代，别出心裁的内容设计总能获得更高的曝光率，而内容设计也是在快手迅速走红的一个秘诀。许多进入快手短视频进行创作的用

户并不缺乏想法和创意,但是不具备清晰的逻辑思路及较强的理解能力,通常出现标题不吸引人、逻辑混乱、主次不分、结构不合理等情况。所以,要想成为一个专业的短视频运营者,在快手中占领一席之地,就需要不断提高内容设计的能力。其中,热门话题加上优秀标题可以在很大程度上提升内容的质感和层次。

热门话题大家都不陌生,每天通过各种社交平台都会知道当下的热点是什么,有关于社会时政的,也有关于娱乐偶像的。而对于短视频运营者来说,将热点话题作为创作的核心或者主题,能够增加用户对内容的兴趣,而且相关的话题也会被带动起来,形成正面促进效应。从某种意义上来说,热门话题是运营者的创作素材,在短视频中增加与热门话题有关的内容,可以获得更高的关注度和热度。

将热门话题和内容结合也有很多实用的方法有对比、叠加、延展三种,如图3-3所示。

图3-3 热门话题和内容相结合的方法

首先是采用对比的方式。热门话题拥有时效短、更替快等特点,人们通常只关注当下最热门的话题,如果可以将新阶段的热门话题和以前类似的已经被热议过的热门话题结合起来,做一个对比,分析两者之间的异同,不仅能够抓住用户的眼球,还能勾起他们的回忆,带来较强的冲击性。

其次是叠加的方式。某些热门话题因为参与讨论的人数太多,所以分流严重,运营者发布相关的内容不能得到更多的关注度,就可以将两个没有直接关系的热门话题结合在一起,打造梦幻联动的感觉,既增加了内容的差异性,也给观众带来了新的视觉体验。

最后是延展的方式。在互联网日益发达的今天，热门话题之所以会出现，就是人们对这个话题产生了太多的讨论和关注，并且出现了不同的看法。运营者在创作相关内容时，不能局限在话题本身，而是要做出更多延展性思考，挖掘出热门话题背后的推动因素和它带来的价值，这样才能凸显内容的质量和特色，让短视频获得更多关注。

但是，热门话题的来源也是需要仔细考量的。不少运营者都是利用现有的热门话题进行创作，对于某些热度非常高的话题来说，参与的人也非常多，盲目进行相关的内容创作可能达不到预期的效果。所以，创作者要提高内容的质量和创意，尽量体现自己的个性化，拉开与其他短视频内容的差异，这样就能获得更多用户的关注。当然，许多热门话题也不是自然产生的，很多也是运营者创造出来的。快手中就有许多有趣的挑战赛，如"花式开瓶盖"和"一秒丸子头"就是由某个运营者发起的，这样亲民又有乐趣的话题引起了许多用户的参与，也成为了热门话题。

内容设计有了热门话题还不够，运营者还需要一个有吸引力的话题。一个好的话题通常比内容更具有吸引力。这跟传统的标题党不一样，不是故意制造一些疑问和噱头来吸引用户，让他们点开自己的内容，这样的方式已经过时了，往往不能起到吸引的作用。好的标题需要重点突出、逻辑清晰，最好能让用户看一眼就确定是不是自己感兴趣的东西，这样比标题党更能赢得用户的好感，进而培养忠实用户。papi 酱的短视频选题如表 3-1 所示。

表 3-1　papi 酱的短视频选题

购物节就像考试一样
那些年来自妈妈的嘲讽
如何做一个优秀的倾听者
谈恋爱的重点、难点、易错点在哪里
母亲节给妈妈买的礼物 vs 父亲节给爸爸买的礼物

标题的选取也有很多技巧，首先要用关键词来为自己的内容增加热度，

可以用数字、悬念还有明星等词汇来为标题进行点缀，一下就能抓住用户的眼球，产生观看兴趣。一般来说，不管是什么类型的视频内容，在关键词的选取上要满足三个要求（见图3-4）：一是准确性。关键词必须是符合内容的，如果用户被标题吸引点击视频观看，结果发现内容跟关键词完全不相关，会被当作标题党，引起用户的反感。二是舒适性。关键词的使用要让用户感到舒服，所以运营者要避免使用一些激进或者带有恶意的关键词，造成不必要的争论。三是新颖性。快手平台拥有几亿用户，运营者如果选择的关键词是大多数标题使用的，会让用户出现视觉疲劳，有新意的关键词往往能够起到抓住用户眼球的作用，为内容带来更多流量和推荐。

准确性　舒适性　新颖性

图 3-4　在标题中使用关键词汇的三个要求

其次可以通过在标题中展现内容价值来突出内容的个性，让用户能够从标题就能知道这个内容能否满足自己的需求，只有对自己能产生价值的内容才会花时间去看。而且在这个快节奏的时代，人们的时间都被碎片化了，不管是工作还是娱乐都带有很强的目的性，希望能够在更短的时间里找到有效的信息，这也是知乎和百度能够得到如此多用户关注的原因之一。这类平台提供了一个问答服务，用户可以在上面进行提问和解答，有困惑的用户只要搜索问题就能够找到对应的答案，非常便利。短视频除了强大的娱乐功能，也具备知识和技能的传播功能，运营者制作有利于生活和工作的视频内容，就需要在标题中体现出来，这样用户才能够一看标题就知道内容是不是自己需要的，能否解决自己当前遇到的问题，点击视频观看的概率也会增大。

最后在设置标题时要避免踩坑。很多标题党喜欢用一些带有暗示性的、夸张的、低俗不雅的词汇来为标题增加噱头，比如"震惊""不看后悔"等,这样往往会导致审核不通过,因为快手也需要为用户提供更加健康向上的内容,所以运营者要避免使用这样的词汇,从而可以尽快通过审核。并且如今的网络环境相较于之前已经得到了很大的优化,人们的价值观也更加积极向上,对这类标题党的内容越来越无感,甚至会产生厌恶,所以运营者要提高标题质量,避免成为标题党。

总之,内容不仅要与热点话题紧密相连,以更加独特的视角切入内容,同时也要利用既有内容又有深度的标题,以提升内容设计的质量,从而得到更多用户的青睐,自身的流量和热度也会慢慢提升。

专栏 3-4

快手、华帝三度合作,携手点燃"生活热爱"

1. 企业介绍

华帝股份有限公司是 1992 年在广东省中山市创立的以销售厨房用具、燃气用具以及家用电器等为主要业务的民营公司,在厨电领域里辛勤耕耘了将近 30 年,从珠三角洲经济区的一家小规模乡镇企业,发展成了位列中国品牌价值 500 强的大型上市企业。2020 年,华帝作为电影《我和我的家乡》的官方合作伙伴,十一期间也跨界打造了同系列短片《华帝家乡味》。为了提高影片的热度,华帝与快手首次合作增加与网友的互动,最终华帝的品牌曝光量超过了 26 亿。同年的华帝举办品牌发布会,特意打造了一场以国风文化为主题的烟火盛典,这次发布会快手是其唯一的短视频直播平台,当晚共有 9 个快手账号为盛典进行实时直播,累计观看人数超过 3200 万。两次合作快手都为华帝的热度贡献了不少的力量。借助快手短视频平台进行品牌营销,不仅能够吸引流量,还能传递品牌理念,增加消费者黏性。

2. 商业模式

经过两次短暂的合作之后,2021 年 3 月 20 日华帝和快手召开战略合作发布会，宣布了第三次合作，也是一次正式且长期的深度合作。这次合作发布会为"创造热爱"，华帝希望能够通过创新产品、内容输出和价值营销等多个方面来激发当代年轻人对美好生活的热爱和向往。

华帝作为厨电市场的领军行业，一直在跟随潮流发展，不断优化和改造更适合当代消费者的厨电产品，以更好地满足消费者的需求。当代年轻人作为主要的消费群体，拥有强大的购买力和对新事物的适应能力，他们对高品质的生活更加向往，所以对厨房的需求也产生了新的变化，他们认为厨房不只是一个烹饪场所，还是一个展示自我、适合社交分享的新型空间。所以，华帝不仅打造了敦煌系列的国潮厨房，以迎合消费者对时尚和品质的需求，还计划将拥有视频内容功能的新产品嵌入快手APP，这样用户就可以直接通过快手短视频寻找菜谱，并且根据视频内容来学习和制作菜品，充分感受到烹饪的乐趣。对于厨房新手来说这是无比方便的，而且这为美食制作者和爱好者提供了互动交流的平台，让烹饪可以通过短视频进行传递和分享，拉近人与人之间的距离。这也是华帝和快手在产品方面展开的合作。

3. 总结与发展

华帝和快手这次达成的深度战略合作，为品牌和消费者搭建了一座沟通的桥梁，点燃了当代年轻人对生活的热爱，也是品牌利用短视频平台进行品牌营销和理念传播的一次成功示范。快手记录美好生活的产品理念和华帝的品牌理念完美契合，且快手平台的内容更偏向真实的现实生活，这样更能够帮助华帝传递品牌的情感价值，增加消费者对品牌的信任和支持。快手也希望能够通过这次合作培养品牌营销的经验，利用平台已有的流量和内容为更多的品牌传递情感价值，塑造有情怀的品牌形象，同时进一步提高平台的商业价值，得到更多用户的关注。

（资料来源：笔者根据多方资料整理）

第三节　快手的营销方法

营销是企业品牌进行产品推广的一个必用手段，对于短视频运营者来说，快手平台同样有一套高效的营销方法，让运营者能够以最快的速度将视频号推广出去，从而积累更多的粉丝用户，进一步吸引流量，达到营销的目的。快手的营销方法主要有树品牌、形象维护、社群运营和变现四个方面的内容。

一、矩阵式布局及树立品牌

快手短视频运营者刚开始进行创作时，发布的作品都是比较随机的，不管是内容还是发布时间都没有一个稳定的状态，所以很多运营者通过观察平台反馈的各项数据，来判断哪个时间段发布的作品会有较高的浏览量，还有自己发布的哪种类型的内容会得到更多用户的关注。这种分析方式确实能够帮助运营者对自己的营销策略进行调整，把握好发布视频的节奏，进行矩阵式布局，同时给自己定位合适的标签，在用户心中树立品牌形象。

所谓的矩阵式布局，是指快手营销中一个常用的手段。对于运营者来说，常常不是只有一个平台账号，特别是知名的品牌商，在入驻快手平台时，应该构建账号矩阵。两个必备的账号是用户快手号和品牌快手号，再随机选择产品快手号、粉丝快手号、活动快手号和成员快手号中的一个或者多个，打造一个2×4矩阵，对快手号的快速成长有很大的作用。

构建矩阵式布局的原因主要有两点：首先是设置多个快手号之后，可以彼此分工协作，采用更多形式为快手号进行营销推广，也能满足品牌推广的多样化需求，形成较强的力量；其次是多个快手号同时运营，领导者可以控制营销的方案和节奏，彼此之间相互联动，产生更加强大的外溢效应，营销效果会比单个快手号营销要好得多，粉丝数量也能更快增加。

　　当快手账号发展到一定阶段，拥有数量相对较多的粉丝，并且在平台中也产生了一定的影响力时，可能就会遇到发展的瓶颈期，粉丝增长出现疲软，视频的播放量也提升不上去，这时也需要利用矩阵式布局来为快手账号带来新一轮的流量增长。运营者可以在保持大号正常运营的情况下，再开通几个快手小号，从不同的方向和内容来打造，这样既可以避免对大号的流量产生影响，也可以为运营者带来新的血液，摆脱了粉丝增长困难的窘境。最重要的是，注册快手小号进一步扩大了矩阵式布局的范围，使运营者可以从更多渠道采用不同的方式为账号进行营销和推广。运营者采用这种方式时需要注意一些问题，不管是快手大号还是小号都要保证运营的质量，这样才能吸引到忠实粉丝，如果盲目地增加账号数量，而忽视了内容以及运营的质量，将不利于长期的发展。

　　除了矩阵式布局，树立自己的品牌形象也是运营的一个有效手段。在互联网时代，标签和内容是紧密联系在一起的，用户通常根据运营者分布的内容对其打上对应的标签进行分类。标签从某种意义上来说也是运营者的一个品牌形象，通常那些具有个性和特点的标签能够吸引到更多用户的注意。运营者在树立自己的标签的时候，也要考虑到这部分标签的目标受众是哪些，进而慢慢地对标签进行提升优化。

　　在快手平台中，标签也能够影响视频的播放量和推荐量，那么运营者应该如何选取标签呢？首先运营者要采用便于搜索的标签，尤其是那些刚刚进入短视频行业的运营者，缺乏粉丝和热度，更要借助便于用户搜索的标签来为视频进行营销，增加视频的曝光率。其次标签应该凸显个性化，只有在成千上万的标签中脱颖而出才能抓住用户的要求，激发他们的观看兴趣，同时也让用户对运营者的品牌形象有更深的印象。

　　除了标签之外，运营者也可以从人物IP设定、原创内容、个性化语言等方面来树立品牌形象。所谓的人物IP设定就是设定某种人设，从而使自己的形象更加亲民，增加粉丝黏性，如迪丽热巴的"吃货"人设、白敬亭的"注孤生"人设就非常具有个性化，粉丝会更容易被吸引。运营者在找人设的时候要从自身的内容特点和优势出发，既要有吸引力，也要贴合自身，从而才能不断地延伸下去，扩大影响力。原创内容是树立品牌形象最有效的方式，虽然付出的时间和精力要多得多，但最后的结果是令人欣喜的，人们对高质量的原创内容的印象会更深刻，有利于品牌的宣传和推广。个性化语言是快手有别于其他平台的一个重要特点，运营者通过打造独具个性且有趣的语言能够迅速提高自己的差异化形象。比如 papi 酱就拥有自己的个性化语言，在她的视频里，通常会用刁钻、自嘲以及诙谐的语言来叙述某些事情，变声之后更有趣了，而且讲的东西还挺有道理，不少网友都喜欢把她的短视频当成下饭神器，粉丝多了之后品牌形象也就树立起来了。

利用矩阵式布局和树立品牌能够帮助运营者高效进行视频号营销推广，以更快的速度获得更多用户的关注，同时提升自己的商业价值，为流量变现打下一个坚实的基础。

二、粉丝评论及形象维护

快手短视频营销方法中，粉丝是一个非常重要的因素，在很大程度上决定了视频号的成功与失败。一个优秀的运营者，应该积极地与用户进行互动交流，对粉丝评论及时给予有效反馈，同时在交流的过程中进行情感传递和品牌输出，在增强用户的信任感和归属感的同时，也能对自身的形象进行维护，甚至在用户心中树立一个更好的形象，从而获得他们的长期关注。

在快手，与粉丝互动有很多种形式，既可以通过互关、点赞的方式，也可以通过评论与粉丝交流想法和心得，现在更流行的是通过直播与粉丝进行面对面交流，以达到更好的互动效果。从各种形式来看，评论依然是运营者维持与用户之间联系的最重要的一种方式。很多用户会发现，有些热度很高的视频，评论区比内容本身更具有热度，总有那么一些脑洞新奇的评论会击中网友的内心，获得成千上万的点赞量，而且运营者在回复粉丝评论的时候也能营造一个亲民有温度的形象，进一步拉近和粉丝之间的距离，吸引更多的粉丝关注。

通过评论"吸粉"的方式如图3-5所示。首先要有选择性地评论，不能没有目的的广撒网，跑到各种类型的视频下面进行评论。可以根据自身的内容定位，找到目标用户，再去相应的视频底下去评论，而且选择的快手号也要具有很高的热度，这样才能达到引流的效果。其次回复评论的速度要快。许多流量很高的视频号一旦发布作品，就能引起巨大的轰动，粉丝们也争先恐后地抢占评论区的前排，希望这样能够获得更高的曝光度。所以，运营者要把握时机，尽可能快的进行评论，这样达到的"吸粉"效果会非常好。最后评论的内容要具有吸引力，不是像一名游客路过一样，留下标记就走了。也有很多用户进行评论的时候，带有很强的目的性，就是为了打广告而评论，这种方式通常不能吸引到用户的注意，反而会引起他们的反感。所以运营者可以根据自内容的特点，选择符合自身形象的基调，既可以幽默风趣，也可以淳朴走心，最终目的是引起用户的共鸣，这样才有可能把用户转化为自己的粉丝。

- 评论要有选择性
- 评论的内容要具有吸引力
- 评论的速度要快

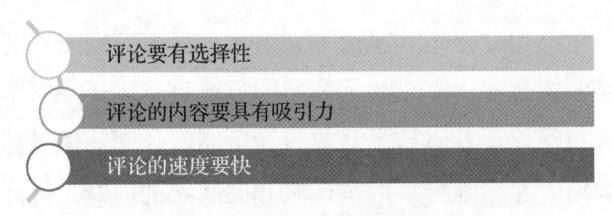

图3-5 利用评论"吸粉"的方式

粉丝评论越多越能够增加视频的热度和曝光度，运营者利用粉丝评论可以维护自己的形象，增加用户黏性，这样对以后的商业变现也有很大的推动作用。运营者形象通常代表了内容，所以要想留住老粉丝，又不断引入新流量，就需要对自己的形象进行维护。在与粉丝进行互动的过程中，能够将自己的一些性格特点表达出来，塑造一个好的形象，从而吸引更多的粉丝。

三、用户圈层和社群运营

在流量为王的后时代,引流变成了一件非常困难的事情,新手一般会有平台给予的流量扶持,所以发布的内容能够获得更多的流量和曝光度,运营初期也会以较快的速度"涨粉",特别是运用了一些"吸粉"技巧之后,就能在一定时间里积累到小规模的用户群体。但在快手营销中,能够保持稳定的引流速度是非常关键的,运营者应该利用已经积累的粉丝群体发挥更大的效用,让粉丝带动粉丝,打通用户圈层,等到粉丝规模达到一定程度时,用心经营粉丝社群,让视频号得到更好的营销推广。让粉丝连接粉丝的方式如图3-6所示。

| 让粉丝活跃起来 | 用心经营粉丝社群 |

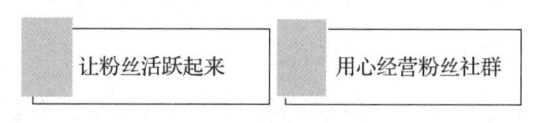

图3-6 让粉丝连接粉丝的方式

那么,如何才能让已有的粉丝发挥作用呢?就是要利用粉丝连接粉丝,打通用户圈层。快手平台中粉丝数量达到数千万的账号并不在少数,但有很多快手号的播放量依然很低,点赞率和评论量也不高,这就跟粉丝活跃度不高有关系,他们没有对视频内容进行传播和分享。造成这种情况的重要原因可能是运营者所发布的内容并不能引起粉丝的共鸣,所以没有分享的兴趣。还有一些次要原因:首先,运营者每天发布的视频内容都是由自己的节奏和喜好来决定的,并没有考虑到目标群体的真正需求,长时间没有创新和调整,粉丝的热情会逐渐下降,不仅不会想分享内容,甚至可能对内容都提不起兴趣;其次,运营者可能在创作方面具有很高的天赋,吸引了很多粉丝的关注,每天都有新的评论,但运营者却没有回复的习惯,错过了和粉丝积极互动的机会,导致粉丝的积极性不断下降;最后,视频内容有大量的广告和产品植入,不仅不是粉丝需要的东西,而且还带有非常强的商业目的,这种情况会引起粉丝的不满,从而分享欲望大大降低。

要想让粉丝活跃起来，运营者就要对内容进行调整优化，在提高原创比例的同时，也要突出自己的个性，让粉丝获得更多的新鲜感。还要与粉丝进行更多的互动，对他们提出的想法和建议给予及时的回应，增加粉丝的归属感。最后也要让粉丝可以获得有价值的内容，满足他们的需求，这样才能促使粉丝将视频内容传播到更宽广的范围，形成用户圈层。

让粉丝活跃起来，积极评论和转发是打通用户圈层的第一步，随着粉丝数量越来越多，对运营者的能力要求就越高，如果不能很好地管理粉丝群体，那么随着话题热度的下降，以及粉丝的需求发生转变，再多的粉丝都不能帮助视频号进行推广营销。所以用心运营粉丝社群非常重要，这关系到营销的速度和质量。传统的社群运营是指以营销推广为目的，通过长时间的口碑积累形成一个大的粉丝社群，然后再利用一些小活动吸引更多的粉丝，再对产品进行宣传，但随着时代发展，这种营销方式已经不适用了。新时代的社群运营核心是筛选，而不是盲目地扩张粉丝。

运营者要把那些高活跃度和强兴趣的粉丝筛选出来，针对他们进行更多有价值的互动推广。只有将那些具有商业价值的粉丝留下，才能保持社群的核心竞争力。所以，运营者要加强对粉丝社群运营的重视，不应该盲目追求粉丝的数量，否则会导致社群整体的质量水平下降，让那些高价值的粉丝对社群产生失望，最终离开。高质量的社群不仅可以让粉丝对运营者更加信赖，增加内心的分享欲望，还可以提升粉丝的质量，进而促进快手账号的影响力和知名度，对今后的品牌和产品营销将大有益处。

快手平台在短视频领域有着强大的流量优势，给用户更多机会吸引粉丝，但快手并不适合做社群运营，因为除了在评论区运营者可以和广大粉丝一起探讨分享，其他时候都是分离的，并不能聚集在一起。所以，许多运营者开始转变思维，利用微信天然的社交平台优势，将快手账号已经积累的粉丝转移到微信上去，这样粉丝都在一个微信群里，运营者就可以更好地进行管理和维护，这也是一种创新。运营者将活动和优惠信息发在群里，可以有效传递给粉丝，并且经常在群里聊天互动也能增加粉丝的归属感，从而保持社群的活跃度，粉丝之间也会相互影响，吸引更多新用户，社群规模会不断扩大。

四、广告变现和电商变现

短视频行业不断发展，逐渐形成了强大的流量聚集能力，很多品牌和商家都试图利用短视频对产品进行营销，而这种趋势也给快手平台和运营者带来了更多的利益。因为快手平台积累了规模庞大的用户群体，品牌商家在快手平台进行广告营销和产品推广能够获得更高的曝光率。而那些热度很高的快手号经过长期的创作和运营，已经培养了一大批需求较明确的粉丝群体，利用这些快手号进行营销推广会达到事半功倍的效果，消费者也更乐意为那些知名度高的头部网红埋单。所以，对于快手的运营者来说，通过广告变现是常见的一种方式。随着电商行业的快速发展，短视频平台成了众多电商进行产品营销的风水宝地，所以快手运营者也能够通过电商变现的方式，扩大自己的商业价值，获得更高的收益。

广告只是品牌进行营销和推广的一种手段，真正的目的是变现，运营者可以用一些小技巧来提升广告变现的效果。让广告和视频内容深度结合的方式如图 3-7 所示。

塑造热门标签

简单有趣，具有传播性

场景营销，角色代入

图 3-7　让广告和视频内容深度结合的方式

首先，塑造热门标签。运营者可以定期准备一些福利活动，来吸引用户的注意力，并且借机把品牌产品推广出去。快手平台中很多运营者都会采用随机抽取的方式把视频中出现过的产品送出去，如运营者会在内容下方或者评论区提示，只要用户参与到评论中，运营者就会在某个时间随机抽取几名幸运用户，他们将能够获得免费赠送。一般粉丝数量多的账号都会履行自己的承诺，也会把幸运观众获得礼物的消息公布出来，这样就给其他用户营造了一种有机会中奖的感觉，从而让他们更加积极地参与到评论中。有的运营者也会以点赞数量最多的评论为获赠礼物的标准，这样就能激发粉丝们的分享欲望，甚至利用朋友圈和微信群来拉赞，大大地增加了视频的曝光率。一般来说，运营者送出的礼物都不会太差，很多是精美的彩妆产品，也有送手机等电子产品的，这种方式能够为品牌带来巨大的流量，增强营销效果，从而带动销售量的增加。

其次，场景营销，角色代入。运营者要采用多样化的场景营销方式来吸引用户的注意。不同的产品和服务针对的用户群体是不一样的，所以拍摄场景也需要做出相应的变化，这样才能够增强广告营销的效果。如果运营者的目标用户是学生，那么就可以去一些学校找灵感，以教室、操场、宿舍等地点为拍摄背景，创作跟这些场景有关的内容，往往可以引起较多的共鸣。如果条件允许的话，运营者也可以邀请一些学生入镜，请他们担任一些重要角色，他们就会在视频拍摄完之后保持密切的关注，这样也能够增加视频的播放率，达到很好的营销效果。需要重视的是，多元化场景营销也需要和运营者本身的特点相符合，一旦发现某种场景不利于短视频的拍摄或者推广，就要及时调整方案，避免浪费时间和精力。

最后，简单有趣，具有传播性。广告营销的方式一定不能生硬，单纯的产品或者广告植入已经不能带来很多的广告变现了，这就倒逼运营者要不断创新，将广告和视频内容巧妙地融合在一起，尽量掩盖打广告的痕迹，让用户的注意力聚焦在内容上，自然而然地被视频内容所打动，继而增加对产品和品牌的关注，由此大大提升广告变现的效果。

广告变现之所以会与快手深度融合，主要有三个方面的原因：首先，快手短视频以提高人们的幸福感为主要目标，所以在越来越多的用户参与进来的过程中，形成了独特的"老铁文化"。这种文化是通过人与人之间的信任建立起来的，品牌通过快手进行营销，在短视频内容中插入有关产品的信息和链接，被用户接受的机会会更高，在"老铁"的推荐下，更容易激发消费者的购买欲，所以很多品牌商家都乐意在快手中打广告。其次，快手平台聚集了庞大的用户群体，能够为品牌带来更多的受众，增加曝光率，并且除了目标用户之外，每一个运营者都拥有潜在的广告受众。在快手进行广告营销，可以获得更高的曝光率，对于品牌和平台来说是一件双赢的事情。最后，品牌也可以从快手中达到引流的目的，凭借广告营销，让消费者对品牌产品有了更多的印象和了解，再加上"老铁文化"的熏陶和助力，品牌也能够以更快的速度打造自己的流量圈。这种方式带来的收益，比快手运营者通过广告变现带来的收益要多得多。

电商变现是如今短视频行业里较重要的变现方式，特别是在刚上市的快手中，电商业务带来的收益在总收益中的占比一直都比较大，快手也是电商带货的较优选择。短视频带货是在图文带货的基础上发展起来的，目的就是解决电商行业普遍存在的由于产品效果和质量的偏差，导致消费者不能购买到合适的产品，进而退货率居高不下的问题。短视频带货通过展示产品特性和功能，让消费者能够体验到和线下消费一样的感受，对产品有更深的了解。快手运营者在短视频内容中插入有关产品的内容，不是直推产品，而是让用户在观看内容时对产品自然而然地产生兴趣，从而激发购买欲望，由此实现对产品进行更好的营销推广，促进交易量。后来兴起的直播带货也是在短视频的基础上又上升了一个层次，给用户带来了更加有趣真实的消费体验。

不管是快手小店、产品链接，还是直播等带货方式，利用的都是快手平台庞大的流量，运营者可以自营电商，也可以为其他的电商品牌进行带货，最终获益的是自身、品牌商和平台，这是一种绝佳的流量变现方式，也是现在网红经济的一个重要组成部分。运营者在为产品进行推广营销的同时，也树立了自己的品牌形象，进一步提高了自己的商业价值，电商变现将是未来很长一段时间的主流变现方式。

专栏 3-5

良品铺子 4 小时销售额 1400 万元，创下带货新纪录

1. 品牌介绍

良品铺子是良品铺子股份有限公司于 2006 年成立的休闲零食品牌，最初是以实体店的形式进入市场，经过多年的扩张和推广，良品铺子在全国各地已经开设了 2000 多家门店。随着电商行业的崛起，良品铺子也紧跟发展的趋势，快速对品牌的线上营销进行布局，打造了线上线下双循环的产业链。良品铺子的主营业务是零食的销售和服务，企业也有自己的研发团队，创立至今已经研发了 1500 多款零食。2019 年良品铺子线上线下全渠道的产品销售总额超过了 97 亿元，是网友们心中比较信赖和喜爱的零食品牌。良品铺子从零出发，以超快的速度发展，跃居国内休闲零食品类前几位，靠的不仅仅是美味的零食和优质的服务，还有高效精准的营销手段。

2. 商业模式

良品铺子在营销推广上已经积累了丰富的经验，除投放广告、明星代言、影视剧植入等方式外，良品铺子也顺应时代发展，将直播作为品牌营销的一种手段，希望能够借助直播进一步打响品牌知名度，推动产品销量的增长。目前，电商直播的平台主要有淘宝、抖音和快手，这些平台都拥有庞大的用户群体。

综合考虑各个平台的特点以及自身的目标，良品铺子最终选择了快手进行品牌直播选秀。

通过直播将品牌知名度进一步提升是良品铺子的主要诉求。决定在快手平台进行直播首秀之后，良品铺子和快手网红主播"散打哥"展开了战略合作，在他的直播间里进行产品带货。

2020年7月3日,"散打哥"直播间上架了多种良品铺子产品,包括手撕面包、每日坚果和豆干大礼包等品牌热卖产品,良品铺子的品牌形象和"散打哥"的热度相辅相成,为这场直播添加了超高的热度。据统计,这场直播的观看人数超过了1000万,共卖出了3吨零食,总销售额突破了1400万元,是快手平台中有史以来零食品类单场带货的最高纪录。

良品铺子直播带货不仅获得了超高的销售量而且良品铺子的官方快手号增加了12万粉丝,比起之前的3万可以说是实现了跨越式发展,既达到了卖货的目的,也积累了私域流量。在"散打哥"的推荐和带动下,消费者对良品铺子有了新的认识,不再是人们眼中价格昂贵的高档零食,而是一个价格亲民、服务优质的国产零食品牌。良品铺子这次的成功营销为其他品牌树立了一个模板。

除了利用快手网红主播的粉丝效应,良品铺子在直播卖货前也充分利用了线下门店的资源。通过在店内张贴海报宣传这场直播,店员也会引导入店消费的顾客下载快手APP、关注并且参与这场直播活动。这种门店联动的方式是很好地利用了线下流量,良品铺子可以将品牌的忠实用户引流到线上,增加线上渠道的销售量,同时也能帮助良品铺子在更短的时间里做大做强快手号,为打造自己的快手直播生态圈打下基础。

3. 结论与发展

总之,这次快手直播带货是良品铺子步入直播行业的一个很好的开端。为了长期的发展,良品铺子也入驻了快手电商分销库,让更多的主播可以为品牌共同带货,这样的营销效果会更好,也能提高电商变现的速度。未来良品铺子将在快手对企业的直播电商业务进行更大范围的布局,从供应链到服务端全线打通,打造自己的快手直播生态圈,以促进品牌电商变现的速度,提高商业价值。

(资料来源:笔者根据多方资料整理)

随着快手用户规模的不断扩大，平台的影响力和商业价值也在不断提高，优秀的创作者经过长期的摸索和挑战，也掌握了运营的技巧，通过快手积累了一大批忠实粉丝，为商业变现打下了基础。未来快手将创新更多商业模式，带动更多用户一起发展。

章末案例

快手电商，春节突袭

1. 活动介绍

春节作为中华民族的最重要传统节日，在人们心中有着无比崇高的地位，过年那段时间大家都停下工作，回归家庭，为迎接新的一年而团聚，不管是做什么，总是热热闹闹的。而随着时代发展，人们的生活方式发生了很大的改变，互联网普及使生活更加便捷，但人们同时也发现，过年越来越没意思了。

红包是春节期间最让人期待的东西。得益于数字经济的发展，支付宝和微信的线上支付迅速席卷了市场，抢红包这个活动也开始变得火热，虽然金额不多，但重在有乐趣还有互动，许多大人在春节期间也沉迷于抢红包，还有很多其他的领红包活动。所以，近几年有一个社会现象得到了大家的广泛关注，就是过年大家不再像以前一样热热闹闹地聚在一起，而是各自玩手机，关注着不同平台即将展开的红包活动。这也是各个互联网公司在春节期间进行营销的主要手段，目的就是吸引流量。

2021年春节期间，阿里、百度、快手、拼多多和字节跳动等七家公司共发出了107亿元现金红包，比起2020年的40亿元现金红包来说，足足翻了一倍多。可以看出，这些互联网公司在春节营销大战上都加注了砝码，就是希望在这场战斗中赢得更多关注和流量。

虽然是春节活动，但大多数公司在 1 月下旬就开始了预热活动。在线上，修改 APP 页面，突出被加红加粗的"分×亿"几个字是最基本的创作，用户进入 APP 后也会被各种"春节专题"和"抢年货"等活动一顿轰炸，不被刺激到都不可能。而在线下，各大互联网公司则利用地铁站和公交车站等提供的广告资源位进行宣传，让来往的行人都能够注意到。

经过一段时间的预热之后，已经持续几年的支付宝集五福活动就开始了，人们都在为集福而四处奔走。但是 2021 年抖音也引进了与集五福类似的活动——集灯笼，因为集齐的条件很难，用户们都期望得个大红包，所以在这个活动上更卖力，让抖音赚取了不少热度。除夕当晚除了各种开奖活动，最让人期待的就是各大互联网公司准备的红包雨了，各式各样的 APP 争相撒红包，还有很多明星加盟助力，让人们都不能专心享用年夜饭。不得不说，这样的活动给企业带来了很好的营销效果。

当然，用红包进行引流只是企业达到最终目的的一个媒介，企业的营销目的是留住用户，不仅仅是让他们来参与活动，更重要的是如何让他们乐意并且长期参与企业的各种活动，成为企业的忠实粉丝。如果说用红包雨吸引了数量庞大的用户群体，热闹一番过后就散去，那对于企业来说，就得不偿失了。所以，企业在参与营销大战的时候，不能盲目跟风，要根据企业自身的实力和特点，采取恰当的营销方式，并且选择合适的时间，这样才有可能在竞争中脱颖而出。例如，有些规模比较小的公司就采取了抽盲盒的方式来派发红包，并且不选择除夕这个热度最高的时间，而是在元宵节展开活动，既能够吸引用户的注意力，也能保证一定的流量。又如，有些规模庞大、资金充足的公司，采取把整个春节档做成超级 IP 的方式，不断扩展延伸新玩法，成功在春节营销大战中突围，这个公司就是刚刚上市的快手。

2. 商业模式

快手在春节之前也推出了一系列营销活动。首先是和大多数企业活动一样的瓜分21亿元抢红包活动，数额巨大，吸引了很多用户参与。在大年初一的时候快手将除夕当晚瓜分21亿元的结果公布了出来，红包被领取的次数达到了90.3亿，在万元现金红包活动中参与领取的用户平均每人领了将近40次，这个结果可以说是非常可观的，说明快手的流量集聚能力非常强。其次是快手举行的超级播活动，2021年2月1～26日，每天都会有若干位明星举行直播，将粉丝效应发挥到了极致。最后是由快手电商策划的超级年礼活动，快手邀请用户在除夕当晚进入直播间参与"云守岁"，直播间将在一分钟内送100瓶茅台酒，同时参与的用户也有机会获得其他宝藏商品，最吸引人的莫过于可以有机会抽取兰博基尼跑车的终极大奖了。不出意料，快手此次举办的超级年礼活动，将热度推上了一个巅峰。根据统计，当晚快手四个小时的直播，共有1.3亿人进入直播间参与云守岁活动，其中有2.4万人幸运中奖，获奖礼品有茅台酒、吸尘器等，这些奖品的品牌知名度都比较高，难怪会吸引这么多观众来参与。

最后的兰博基尼终极大奖是从140万人中抽取了一位幸运观众，也让直播的氛围高涨，不少用户都希望能够获得这份超级大奖。这次直播获得如此高的热度，最后的受益者也是这个活动的策划者快手电商，除夕当晚快手小店直播间与用户之间的互动突破了5.6亿次，快手小店在全网的曝光次数也突破了88亿次，创造了历史最高纪录，让快手电商成为春节营销大战中突袭的一匹"黑马"。除此之外，根据除夕当天的应用市场排名可以看出来快手的营销效果有多成功：在华为应用商店的应用排行榜中，快手APP稳居榜首，而在苹果商店的免费应用榜中，快手极速版也是从第七飞跃到了第一，所以快手的热度是有目共睹地增长。

其实电商直播和早年间的电视购物有很多类似的地方，但是随着时代和技术的发展，电视购物渐渐退出了历史舞台，电商凭借着自身的优越性在数字经济时代打下了一片江山。各行各业都加入电商直播这一行业中来，使竞争也变得激烈，需要在直播内容和形式上做出创新。快手电商这次设计的超级年礼活动是在除夕这种自带热度的时刻展开的，采取了当下十分流行的直播形式，再加上电视购物的范围、抽奖游戏和非常吸引人的奖品，既给了用户无比刺激的观看体验，也让快手电商和用户有了更加亲切而有趣的互动，在这些因素的综合作用下，才打造出了一场亿人参与的线上狂欢盛宴。

从近几年各大互联网巨头在春节展开的营销活动来看，如微信摇一摇红包和支付宝的集五福，都精准地把握了用户的消费心理和春节的内涵意义，并且花费了相当多的时间和精力才使营销效果达到预期。相比而言，春晚冠名和拼手速抢红包大战等传统的春节营销策划，因为创新不足和竞争力小，已经被市场重新洗牌，渐渐淡出了市场。快手电商在进行春节策划时，同样抓住了人们向往热闹、有趣的心理特质以及春节这个关键节点，用"0元带走兰博基尼"的活动吸引了数量庞大的用户群体来直播间观看，并且参与抽奖的用户需要拉人数和观看时间长的比赛；通过"围观谁是第一牛人"这个噱头，其他快手电商主播也可以和自己的粉丝共同参与到这个抽奖活动中来，参与感提升的同时也获得了乐趣，对快手电商的印象也会更加深刻。快手电商这次策划，可以说为其他互联网公司树立了一个成功的典范。

可以预见的是，除了已经积累了热度和流量的"双十一"和"6·18"等狂欢节，未来春节流量也依然会是互联网公司争相抢夺的新高地。当然，也有不少互联网公司发现，盲目跟风参与春节流量大战，让自己陷入了一个吃力不讨好的尴尬境地：因为策划没有新意，公司的规模和流量也没有竞争优势，所以导致很多企业都是为了活动而活动，付出了大量的金钱和精力，除了将流量暂时吸引过来之外，什么都没有留下，客户根本没有提高对企业和产品的认知度，更别提后续的用户留存了。所以，很多上市公司披露的2021年第一季度财务报告显示，春节期间支出的营销费用拖了企业利润的后腿。

快手这次举办的超级播和超级年礼等活动不仅仅增加了与用户之间的互动，吸引了很多流量，而且最重要的是，这次活动让快手在用户心目中的形象得到了进一步的提升，而且还提高了用户对快手产品的认同感，这对促进用户参与到平台的内容创作和消费中来有非常深刻的战略意义，这也是其他互联网企业需要学习的地方。红包虽然具有吸引力，但它归根结底只是一个吸引流量的入门券，之后如何让老用户获得参与感和满足感，并且不断引入新用户，让他们对品牌产品能够有更好的认识，并且愿意为产品而消费，才是春节营销活动的真正目的。

3. 结论与发展

总之，快手能够在这次春节大战中突袭，主要归功于快手电商在2020年取得的突破性进步，不仅其电商销售额取得了很大的增长，而且其组织能力还有和其他品牌的对接沟通能力也有了较大的进步，所以在春节这种大型的营销活动中的策划和把控能力也比以前好了很多。

快手在转型为短视频社区之后，逐步拓宽自己的业务范围，采取了多元化的变现方式。其中快手电商业务是2018年以"快手小店"的形式出现在用户眼前，经过不到三年的时间，快手电商的交易规模就实现了数千倍的增长。在2020年快手递交的招股说明书上显示，快手已经是全球第二大电商直播平台，并且同年其前十一个月的平台直播成交额达到了3326亿元，复购率突破了60%。正是因为快手电商庞大的交易规模和迅猛的发展趋势，让许多投资者对快手充满了信心和期待，所以快手的股票上市之后，不到十天的时间上涨幅度就超过了240%，这个成绩着实让人惊叹。

仅从这些数字可能无法明白快手为什么能够得到资本市场的青睐，做一些对比就能看出来了。和快手电商息息相关的还有淘宝和抖音，三者已经是直播市场的三大巨头。淘宝直播从2016年开始起步，不管是规模还是成交量都是国内最大的电商交易平台，2020年淘宝平台的直播交易量是4000亿元。而抖音的电商直播并不是其最核心的业务，只有1000亿元，其他的大多是电商广告带来的收益。所以，通过对比就可以看出来，快手电商的发展速度虽然快，但是质量也是比较高的，未来的发展前景也比较光明，谁能率先入股，谁就更有可能获得更多的利益。

快手电商之所以能够取得如此快的发展，主要有两方面的原因：一方面是得益于自身的社区属性。作为短视频平台，快手电商更多的是通过与用户之间搭建信任的桥梁，通过情感互动达到成交的目的，这和纯电商平台有很大的不同。快手通过短视频内容创作能够加深与用户之间的联系，并且通过各种方式提升用户的消费体验，可以完全摆脱产品的制约；在用户观看内容的同时，与他们进行互动交流，积累了信任之后再进行电商和直播带货就容易得多，"老铁文化"的商业价值在这个过程中大大凸显。另一方面是快手在发展过程中不断进行优化和改革。快手电商从发展初期到现在面临了很多问题，所以也在不断地进行调整和改善，重新构建了人、货、场的业务逻辑，为快手电商的平稳发展保驾护航。在人方面，因为快手的用户大多是草根出身，没什么知名度，所以快手邀请了张雨绮作为快手电商的代言人，同时还有其他的一些品牌和机构，共同打造一个更加大众化的电商品牌。在货方面，快手的供应链一直存在着质量参差不齐和运输速度慢等问题，所以快手与京东展开了战略合作，在一定程度上解决了部分问题。之后快手电商为了让生产端更容易接触到用户，开通了"好物联盟"功能，让素人主播还有无货型达人能够加入直播这个行业中来，从某种意义上来说也是降低了对其他电商平台的依赖，增强了自己的竞争力。在场方面，快手电商一直在积极扩大供应链和商家群体，提升品牌效应，并且开发了更多产品入口，凭借大数据算法让产品的曝光度进一步提高，同时兼顾了消费端和供应端。在这两方面因素的作用下，快手能够在短时间内取得惊人的增长速度也就没什么奇怪了。

快手电商一直在寻找适合自己发展的路线，也在直播方面有了很多成功的经验，所以利用春节举办新颖的活动，既调动了粉丝的积极性，为他们提供了更加有消费意义的观看内容，也让用户对快手电商的品牌有了新的认知。但春节突围并不意味着快手电商拥有了比其他同类型平台更强的优势，其自身存在的一些问题还需要不断改善，才有可能在电商平台中突围。首先快手电商培养的拥有超强带货能力的头部主播在投资者心中一直是一个较大的问题。比如辛巴家族，他们在快手直播已经获得了相当大的用户群体的喜爱和信任，虽然销售量非常大，但如果头部主播继续发展下去，可能会影响生态平衡。其次是快手电商的转化率问题。快手电商的交易量在国内是排第二的，但是高交易量对应的却是低转化率，跟主流电商平台相比快手的转化率连 2.5% 的基本要求都没有达到。最后就是电商直播的长期发展问题，未来电商直播能否一直增长还是不确定的。对于头部主播问题，从快手 2020 年采取的一系列变革可以看出，它也和淘宝等其他电商平台一样，在慢慢地去头部。针对低转化率问题，快手实际上并没有过多担心，它的生态平衡不是用成交总额（GMV）来衡量的，而是以用户满意度和商家规模作为标准的。针对电商发展问题，目前快手电商的流量和热度都表明未来电商会有巨大的增长空间。从春节营销大战中突围之后，快手电商已经在行业内稍稍领先了，未来要面对的艰难和挑战将会更多，快手要在各方面不断努力，加强自身的竞争优势，争取在行业内突围。

本章小结

快手从单纯的内容社区和社交平台发展到现在，日活跃用户已经超过了 3 亿，在短视频领域占据了非常重要的地位，并且形成了以广告、电商、直播和线上营销等业务共同发展的多元化格局。作为一个短视频平台，快手始终在为提高人们的幸福感而努力，不仅提供了丰富且优质的娱乐内容，而且通过直播和营销将更多品牌企业和消费者连接在一起，加速了商业化的形成，用大数据、新兴技术为人们打造了一个多功能的社交平台。未来快手不仅会在短视频领域继续深耕，而且也会在直播电商方面进行更多的探索和升级，进一步提高快手的商业价值和转化率，吸引更多的用户和品牌商，做大做强"短视频第一股"。

第四章

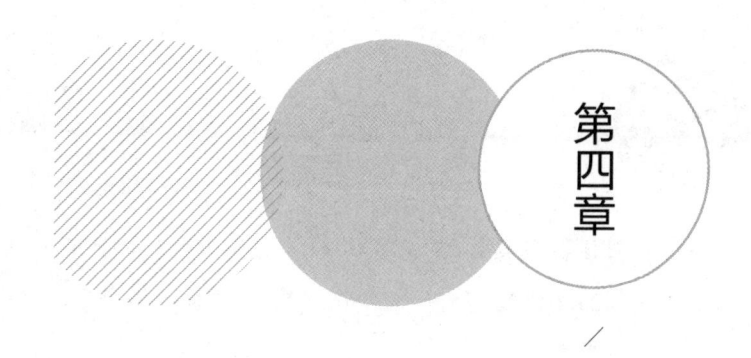

哔哩哔哩

随着设备和技术的升级，视频必然会成为互联网内容的主流，视频创作将改变每个人的生活，深入社会的方方面面。以 B 站为代表的综合型视频玩家的崛起，均体现了视频化趋势的加强。以视频为传播载体的交流、娱乐、学习也日渐融入大众日常生活，越来越贴近并深入普通用户。

我要做的是通过产品设计让 B 站变成一个弹性最大的社区。比如我刻意降低 B 站的社交属性，让用户少碰面。

——哔哩哔哩董事长兼 CEO　陈睿

学习要点

☆创作与内容管理

☆作品拍摄技巧

☆流量变现的方式

开章案例

B 站为啥有这么多神仙 UP 主？

1. 公司简介

哔哩哔哩（以下简称 B 站）现为中国年轻世代高度聚集的文化社区和视频平台，该网站于 2009 年 6 月 26 日创建，被粉丝们亲切地称为"B 站"，早期是一个动画、漫画、游戏（ACG）内容创作与分享的视频网站。

2. 模式分析

第一，以"二次元"为媒介的年轻平台。2009 年 B 站成立前，A 站是中文二次元世界的开拓者。在视频化的浪潮中，B 站抓住了一个关键的节点，那就是陈睿所表达的"抓住年轻的心"。一方面，B 站视频用户有"年轻化"标签。截至 2020 年，B 站的月活跃用户数（MAU）为 2.02 亿。艾瑞咨询报告显示，2020 年 B 站 35 岁以下用户在其月活用户中的占比超过了 86%，高于其他中国主要视频平台。另一方面，B 站本身在视频内容和形态上就具有多样化，包括了以 PUGV（专业用户创作视频，即 UP 主创作）为核心，覆盖专业机构创作视频（OGV）、直播等多种形态。基于此种视频模式，B 站能较好地满足用户的多样化需求。当下，移动端和互联网的快速发展正与我国传统媒体发展处在红利枯竭交界之处，需要一种新的媒体内容和传播形态，来加以启迪和激发我国现有的庞大存量的媒体市场，而短视频和网络直播等巨大浪潮，乘着这个发展拐点的紧急滑梯，顺势而为天下。正如陈睿所言，在这个趋势下，相信在不远的未来，中国将会有上千万名有才华的 UP 主，他们能创作出最精品的视频内容。中国的文化作品，将乘着"视频化"这个大潮传遍全球。

第二，人与内容互动的生态。B 站像游乐园，不只是因为氛围和情绪。在游乐园中，游客的目的并不是在园内认识新的朋友，而是享受喜欢的项目和演出。你可能会和身边不认识的人一起调侃上两句，但是极少会因此建立起稳固的联系。同理，B 站的每个 UP 主都拥有自己的演出区域，每个视频都是一场演出；用户会经常光顾一些自己喜欢的项目，会在视频内容下面相见，但是并不会在台下建立起稳固的社交关系。每个人都是在与内容的互动过程中形成单向关注和身份上的群体团结。这种临时性的关系比较松散，打开普通 B 站用户的主页，会发现动态中基本都是转发的抽奖信息，很少有普通用户之间的互动。这也带来很多好处，比如用户不会抱团，不会形成相对独立而又互相对抗的小圈子，也难以抱团和官方对抗，官方也就更容易对全站氛围进行把控。一方面，UGC 渗透率低的平台确实更难产生双向关系；另一方面，B 站为了社区氛围的包容性而有意为之。所以，与传统意义的社区相比，这种用户之间的关系更像媒体平台。如果我们把快手拿来对比，就会明显感受到两家社区产品的区别。在快手那一份几乎所有数据都不舍得披露的招股说明书中，公布了一个很少有平台公布的数字——双向关注数。从中可以看到快手对双向社交关系的重视。从整体来看，快手的社区氛围不如 B 站统一和浓厚；但是，从社区内的微观结构来看，快手平台上各个团体内的氛围和社交关系可能更强。而 B 站是以内容为中心，建立整个平台的品牌和氛围，注重社区产品的弹性和包容性，注重单向关注关系而非双向。

第三，品牌形象可能是比社区氛围更具决定性的破圈因素，B 站的用户天花板可以更高。建立在快乐积极情绪上的社区氛围，可以在保持足够浓度的情况下延展出足够的包容性。B 站的社区可以容纳更多类型的内容和用户，而不会在站内引起严重的摩擦。如何在品牌形象上下功夫，可能是 B 站更需要解决的问题。所有的内容公司都需要品牌，有些内容公司需要打造整体品牌，比如 Netflix。有些内容公司打造内容子品牌，比如迪士尼管理皮克斯和漫威的方式。游乐园打造的是整体品牌，让人们想到自己时就充满快乐和激情。游乐园中的每个项目可以有自己的特色，但是整体的氛围是欢快活泼的。B 站塑造的也是整体品牌，引导出一个欢快活泼，积极向上的氛围，并与自己的品牌进行绑定（也许是被动绑定）。以"快乐"为中心的品牌形象并没有什么问题，因为足够包容，天花板也足够高。连迪士尼和任天堂这些品牌也都是与"快乐""合家欢"这样的词绑定在一起。虽然这样的品牌定位始终比不上中性平台，不过市场也足够大，且用户活跃和黏性都更好。不过，长年累积的与 ACG 相关的品牌形象仍旧会给 B 站的破圈带来瓶颈。最近一年，B 站也做了 PR 和市场活动来泛化自己的品牌感，包括跨年晚会这种给"前浪"们观看的节目。但是，品牌形象不是一朝一夕可以改变的，这会是 B 站作为一个内容平台在破圈过程中面临的最大问题。另一个潜在的天花板是弹幕带来的，问题的关键是如何取悦不愿意参与弹幕仪式的用户。可能有人会觉得这不是一个问题，因为不喜欢弹幕的用户只要关掉就好了。不过问题的关键在于，弹幕作为关键的互动行为，一定会影响 B 站的分发算法：有利于弹幕二次创作的内容会得到更好的推荐，而缺少梗，不适合弹幕二次创作的内容很难火爆。相当于弹幕再次为内容增加了另一个标签：适合弹幕玩梗。虽然 B 站用户的造梗能力非常强（连天鹅臂教学这种"平平无奇"的内容也可以成为站内播放量最高内容之一），但是弹幕造梗仍然不可避免地具有一定的偶然性，没有"弹幕玩梗"标签的好内容可能得不到足够的分发。在B站不断扩充内容、不断试图破圈的今天，相信如何取悦不参与弹幕仪式、不玩梗的用户会成为重要课题。内容创作的多元化这种问题相对更容易解决，但本质上仍然要通过解决分发的问题，才能让新的消费者得到更多想要的内容，创作者得到足够多的社交资本或者财务资本激励，才能稳定地破圈。

3. 总结与启示

随着网络视频化浪潮的再次来袭，互联网时代的内容制作者们，正在迎接一场由传统的图文向视频的迁移。以B站为例，B站董事长兼CEO陈睿更是直言："站在今天，展望未来，我一直相信视频化是一个巨大的浪潮，是一个必然的趋势。"随着设备和技术的升级，视频必然会成为互联网内容的主流，视频创作将改变每个人的生活，深入到社会的方方面面。以B站为代表的综合型视频玩家的崛起，均体现了视频化趋势的加强。以视频为传播载体的交流、娱乐、学习也日渐融入大众日常生活，越来越贴近并深入普通用户。

（资料来源：笔者根据多方资料整理）

第一节　平台运营

哔哩哔哩作为当代视频平台的后起之秀，在历经十余载的风雨沉浮后，于近年成功跻身新媒体传播平台的第一方阵，拥有和优酷、爱奇艺、抖音等视频巨头逐鹿中原、一争高下的实力，其献礼五四青年节的作品《后浪》更是迅速引爆社会舆论，成为现象级热点，获得了来自社会各界的广泛关注。B站作为国内最大的PUGV平台之一，快速增长是不同板块的优质内容共同发力的结果。

一、归类与定位

2010年，B站从暂时性站点Mikufans转为正式网站，在国内排位仅次于Acfu。B站创建时正逢A站内部矛盾危机，众多老粉丝选择出走，B站借机加快了发展脚步，逐渐增添各种个性化服务，以用户的最佳体验为重点，采取了一系列完善措施，将B站打造为全网狂欢的二次元圈层。随着疯狂扩张，B站已经发展成为我国最大的弹幕视频网站和广受年轻人追捧的乐园，位列国内年轻人最喜欢的应用网站榜首，国内很多大型的门户网站也望尘莫及。

B站在创新发展中共经历了以下三个阶段，如图4-1所示。

图4-1　B站发展阶段

第一个阶段，自由发展不干预。2015年，B站平台有关生活美食的内容开始逐渐增加。发展初期，"吃播"视频主要是厨艺达人分享菜谱烹饪技巧和专业的美食博主品尝山珍海味。随着用户的日益增长，草根用户的创作也越来越多。在输出的内容上，B站"吃播"视频经历了由着重烹饪教学转向着重进食过程，由品鉴山珍海味向展示家常美食转变。从输出的形式上，B站"吃播"视频经历了由博主单向输出到和粉丝双向互动、由单纯的美食推介向增添生活品位等多层面的演化，这是大量草根创作者不断应对市场需求变化进行自由创新的结果。

第二个阶段，洞察方向聚强者。在快速发展、创新内容层出不穷的第二阶段，B站对平台创新采取一定程度的介入和干预，尤其密切关注板块头部创新者并准确定位平台创新方向。B 站介入的第一步便是发掘和凝聚具有领袖地位的头部 UP 主和快速增长的潜力 UP 主，这些 UP 主往往是第一批创新者和开拓者。B 站通过举办一系列的线下达人活动来促成达人之间的交流合作（在 2018—2019 年尤其频繁），并在平台层面给予流量、政策支持，实施平台培养计划（如 B 站百大 UP 主计划）来放大头部效应，帮助头部玩家获得更多支持和关注，建立更广泛的影响力。

第三个阶段，定向引领育新秀。在准确识别平台创新风向并与头部玩家建立密切联系后，B 站开始广泛施展平台领导力对"吃播"的内容产出进行引导干预。2020 年伊始，B 站着手策划了"花式吃播大赏"活动，以该活动为载体，选定吃播中最具代表和创新力的四大类别：记录一日三餐、吃货测评、100 元挑战、吃饭唠嗑，鼓励新老 UP 主围绕这四大主题进行创作竞赛。B 站也由此孕育和获得了极具发展潜力的种子玩家，为下一轮的平台增长做足准备。

二、内容分区与规则

如表 4-1 所示，B 站目前有番剧、国创、放映厅等 20 多个主内容频道。除"小视频"外，其余的三个主平台频道都同时配备了多个独立的子平台频道。另外，在该新闻频道的官方网站以及首页最上方，也分别设有关于中央电视台新闻直播以及热门番剧热播节目的视频附加迅速快捷搜索入口，其中分别包含了当下最热的电视时政热点话题与新闻专栏评论站点。如表 4-1 所示。

表 4-1 B 站分区

版块名	子版块
番剧	连载动画、完结动画、资讯、官方延伸
国创	国产动画、国产原创相关、资讯、布袋戏
放映厅	纪录片、电影、电视剧

续表

版块名	子版块
纪录片	人文、历史、军事、动物、自然、探索、社会、生活、美食
专栏	动画、游戏、影视、生活、兴趣、轻小说、科技
音频	付费音乐、日系
直播	娱乐、游戏、手游、绘画、精彩轮播
动画	MAD、AMV、MMD、3D、短片、手书、配音
音乐	翻唱、VOCALOJD、UTAU、演奏、OP/ED/OST、原创音乐、三次元音乐
舞蹈	宅舞、三次元舞蹈、舞蹈教程
游戏	单机游戏、电子竞技、手机游戏、网络游戏、桌游棋牌、CMV、音游、MUGEN
科技	趣味科普人文、野生技术协会、演讲、公开课、星海、数码、机械、汽车
生活	高校、日常、美食圈、动物圈、手工、绘画、运动
鬼畜	鬼畜调教、音MAD、人力VOCALOJD、教程演示
时尚	美妆、服饰、资讯、健身
广告	电视、公益、日本、泰国、创意、奇葩、感人、脑洞、自制、CM
娱乐	综艺、明星、KOREA相关
影视	影视杂谈、影视剪辑、短片、预告、资讯、特摄
电影	热门、经典推荐、周末放映室
电视剧	热门、精彩热议、独家策划
小视频	排行榜
相簿	画友、摄影
会员购	手办、模型、漫展演出、周边

三、创作与内容管理

B站努力打破国内视频市场格局传统的国内视频模式，最鲜明的文化特色之一就是营造社区文化气氛。相较于其他的国内视频创作网站，B站良好的国内社区艺术文化氛围已经逐渐成了视频创作者的灵魂和精神上的支撑，创作者不断从社交网络上采集并得到自己认为心仪的社区艺术作品后，逐步可以进行更深入的、多层次的文化创作，提升了其他视频网站艺术作品中所有元素衍生体现出来的社区文化价值内涵。

在 B 站，凡是已经成功注册的视频用户，都可以有很多机会直接通过视频评论发送各种形式和不同类型的视频信息，用户可以直接通过社交网络平台进行各种人际之间的信息推荐和视频内容转发，从而直接达到二次视频传播的主要目标和传播效果。也正因为用户对视频传播内容的高度创造力，促使用户与视频接受者的身份近似和性格对等，产生强烈的视频内容社区化传播倾向。用户可以即时进行视频评论，不仅丰富了传播视频的形容内涵和其中的趣味性，也大大拉近了视频内容创作者和视频观看者之间的空间感和距离，打造出了一个内容多向信息交流的视频空间。

除此之外，B 站的一些高层领导在各种小型大众网络社交平台、网络媒体均已经成功设置了自己的官方账号，用来及时回答网站用户的各种疑惑和常见问题，并与广大网站用户及时进行信息沟通和交流互动。网站的每一篇企业公关广告文章，处处渗着恳切和真诚，有效地提高了广大网站用户的对 B 站的信任感、归属感及社会认同感。

在内容创作与管理方面，B 站也有自己的特色，如图 4-2 所示。

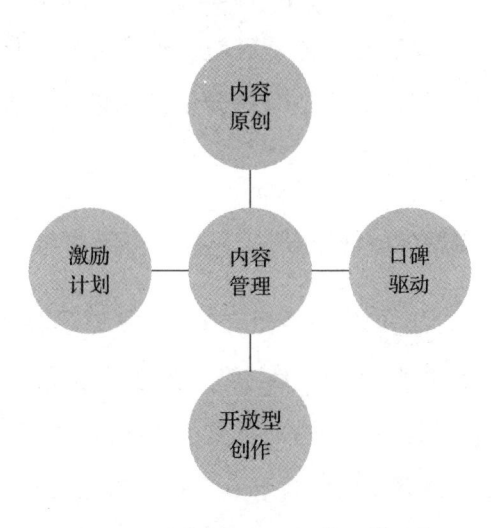

图 4-2　B 站内容创作与管理的特点

1. 内容原创，注重价值观品质

B站的各种社区网络文化由万千个原创的视频圈子围绕网站组成，网站始终坚持对创作者提供支持，帮助他们在这个舞台上创造出无限可能。原创是我们学习知识的动力来源，代表了创作者个体的智慧，B站在其原创作品和创造者团队中注入了很多的资本，为创作者的成功提供了强有力的保障。

从目前B站原创内容的媒体产业运营生态模式分析来看，原创的音视频内容仍然是其中最重要的组成部分，其中自制或原创的音乐内容已经成功贡献了B站近70%的用户流量，每天的海量自制原创内容累计投稿用户规模高达数万级。B站首先采取的内容产业生态模式，就是以原创的音视频内容为主，版权内容购买以及服务平台为辅的一种内容运营管理模式，这也正是它与目前我国其他传统原创视频内容网站的不同之处。

虽然网站财力有限，但是B站每年每月都会定期举行"拜年祭"以及纪念品专场拍卖等各类公益性拍卖活动，该活动中的一些收入将以奖励金的形式分发到各地的UP主。B站始终都在致力于给那些能够拥有自己的兴趣爱好和音乐爱好的年轻音乐人群提供一个宽松的、包容友善的音乐社区，无论是二次元音乐文化还是目前主流的音乐文化都非常希望他们每年可以在自己精心创作的这个时代音乐世界里百花齐放，原创内容即优秀。

2. 激励计划，扶持优质创作者

人才直接决定了视频内容的质量和生产率，优质视频内容的稀缺性以及重要性，使各大视频平台纷纷参与到对人才的争抢和培养中。在B站，由于拥有UCG内容在其中所独占的重要主体地位，UP主也因其优质视频内容的密切相关度而逐渐发展成为了B站用户重点关心的服务对象。2018年B站正式推出了"bilibili创作激励计划"，专门针对UP主所属网站进行设立，对每位创作者的原创视频提供了一个总体的综合估量并及时进行综合预测和核算营业收入，B站根据其整体综合实力、受众体验是否达到满意等诸多因素进行综合考量。

发布的稿件内容在原创基础上不能以商业宣传为目的，并且稿件在B站上的发布时间不得晚于其他平台，对于已经拥有1000粉丝这个数量级的网站UP主来说，开始获得稿件收益的操作难度和进入门槛也许并不算高，而且这种具有创造性的获得收益，往往是随着粉丝数量的不断增长积累而逐渐增长的。2016年的"UP主充电计划"缓解了部分中国UP主的职业社会化和经济发展压力，在全球范围内可以促进内容创造者快速生产和传播，让站内呈现出更多优质的原创内容，实现中国社区内容生态的一个良性循环，在助力优秀的中国UP站版主迅速扩展自己的内容生存空间之外，也很好地充分保证了网站用户们也让具有优秀才华的内容生产者迅速地提高了原创作品的内容质量，充分保障了站内的精美原创内容都已经具备了固定的海量资料存储来源，助力中国B站迅速迈向了一条"人才兴站"之路。

3. 开放型创作，触达用户内心

B站的初心是创作，一直致力于完成创作生态绿洲的愿景，网站的发展理念及基础之一就是通过网络视频文化创造者构成一个网络视频社区。B站由最初以网络电影以及动漫和二次元作为主要创作对象，逐步衍生发展出包括电影和网络音乐制作有关的，如网络科技、时尚、舞蹈等各类游戏在内的众多文化品类，如今B站各种圈层的总量超过了7000，上百万的视频创造者凝聚到了B站。

在B站，始终坚持一视同仁，任由该视频网站根据视频用户的不同喜好自动进行视频点击，直至该视频网站开始自动调整其资源分配。在B站的影视传播平台上包含有一些传统的网络音乐或者是网络动漫、一些明星的休闲娱乐、一些人文的文化历史，甚至包含了一些鬼畜或者布袋戏。B

站非常重视网络影片的传播内容和质量，如果你所在站发布的电视影片或者内容是优质的，结果自然不会让你和他人感到失望。或许正是由于B站网络产品营销员长期以来的坚守、用户的不断喜欢和感动，使网站用户在这段很长的时间里能够不断地学习、成长。让来自B站的作品创造者能够依靠自己的艺术兴趣和爱好不断进行创作，而来自B站的所有用户往往都希望能够从中不断寻求机会得到各种形式的自己最喜欢的原创作品；这种感动主要来自对用户创造力的认真和执着，在用户全身心地投入后，才能直接触及并达到他的内心，让其与受众产生共鸣。

4. 口碑驱动，实现用户自传播

外行人可能以为B站最明显的属性是弹幕，但网站用户早已把它的社交功能放在了首位。弹幕如今在各家视频网站都有添加，为何B站能屹立其中？究其原因，是由于企业B端建站，需要构筑良好的企业社区网站信息化和企业氛围，坚持做一个口碑式的企业社区网站。在这个大众社区里大家都能在B站上找到同行，这些拥有相同兴趣和爱好的年轻人因为内容集合而聚集在一起，通过向他们发送弹幕来实现进一步的交流。有了弹幕保护体，B站就会成为帮助年轻人摆脱孤独、报团取暖、获得个人情感共鸣的大海，不再只是一个单纯的功能性网站。中国时尚文化视频都在此汇集，便最终共同构成了一个中国最具艺术原创性、风格时尚、色彩浓厚的时尚文化潮流视频文化社区，它们共同创造了一个充满传统艺术和时尚创意、不断发展演变、相互循环的中国时尚文化生态。在良好的中国时尚视频内容的艺术冲击和文化刺激下，开始有人积极尝试着自主创作，若得到粉丝的普遍接受和广泛认可，则他们会在今后继续努力潜心学习其他时尚艺术家的优秀作品，成为一名非常专业的时尚艺术家之后，就完全可以以此为职业了。B站的数据监控分析显示：每日共有约3亿的视频播放量，约6亿的视频往来互动，正式注册的会员拥有极高的参与率，B站已经成了更多的青年人交流观点、互通思路和想法的绝佳之地。

专栏 4-1

同道大叔：优质内容引发关注热潮

1. 公司简介

深圳市同道大叔文化传播有限公司创立于 2015 年 4 月，是一个以星座为核心的泛娱乐文化平台，主要从事星座娱乐品牌、新媒体服务、影视制作、电商以及衍生品开发，目前已获红杉资本中国、创东方资本等多家顶级机构的投资。同道大叔在 B 站拥有粉丝约 11.6 万，他将星座与生活相结合，俘获了不少粉丝的心。

2. 商业模式

第一，优质的内容创作。同道大叔的真名叫蔡跃栋，毕业于清华大学美术学院。凭借基本功和优秀的创意，从 2014 年开始绘制一系列吐槽星座的漫画而爆红，在微博上已经吸引了 1200 多万粉丝，每天有 30 万人转发他的微博内容；后期加入了 B 站，在 B 站也拥有了自己的官方号。后来"同道大叔"的团队被美盛控股花了 2 亿元收购，"同道大叔"团队套现了 1.78 亿元。这件事在网红圈里引爆，继而轰动网络。这样的投资力度说明了"同道大叔"团队的高价值，进一步讲是来源于蔡跃栋的前期运作能力。

第二，全力打造品牌 IP。网络文字、视频、音乐内容的职业作家成功，本身也是天时、地利、人和等诸多因素孕育的个案。要完全复制一个"同道大叔"，虽然无法轻松实现，但他的成功也绝非偶然。

首先是如何打造一个品牌化的 IP。从产品商业化的意义来说，可以将 IP 理解为，一种产品自带用户流量的企业品牌化营销内容。优质的产品本身便已经构成了获取流量的一大入口，可以通过在企业运作中低廉的费用和高成本的流量方式快速获取大量用户，其中所衍生出的产品同样也可以为您的企业业务创造出巨大的市场商业价值。通过简单的动漫卡通绘图插画艺术风格将"同道大叔"和"12星座"的动漫卡通形象塑造得更加形象化、性格化，迅速受到了广大动漫粉丝的喜欢。相对于一个冷冰的传统类型网络媒体或者一种新媒体式的网络传播账号，人们更加愿意与这种不同网络媒体、不同类型的传统网络媒体账号之间随时进行互动和信息交流，它真正需要的是传达的产品信息和服务内容，更加轻松快捷地被广大消费者所理解接受，可以说，同道大叔已经成功打通了一个以自己的网络品牌的信息平台作为主要内容核心的新型网络媒体娱乐链。

其次是社交化。在当前的网络社交互动、网络媒体传播时代，链式的内容传播已经逐渐使优质的网络内容能够充分具备快速、大规模和引爆式的传播可能性，再加之其在社交媒体网络的广泛传播，也使优秀的网络内容传播品牌和信息服务在与优质用户之间直接建立联系上变得更加简单容易。通过链式的内容传播，快速地从海量的用户中准确甄别出潜在的优秀用户，形成了对优秀内容传播品牌的超级高度认可。

3. 总结与启示

总之，优质内容需要持续输出。内容必须做到始终保持一定的知识广度、深入性和专业性，并迅速在企业、消费者和公众群体中引起共鸣，得到宣扬，因此企业的内容制作者要具有优质的创作思想，不断地去创造新颖。离开了优质视频内容这个最核心的媒体竞争力，任何视频媒体都将成为空中楼阁。

（资料来源：笔者根据多方资料整理）

第二节　爆款作品的创作方法

爆款视频的出现，其中包含了许多因素，但最重要的是作品本身，优质的作品自然有爆火的潜力。为提升作品质量，我们可以遵循以下几个原则：

一、内容标签：鲜明人设

关于内容定位，有一个意思相关的词——"人设"。人设是人物设定的简称，指的是人物展现给观众的直观形象，包括这个人物的外在形象以及内在性格。很多小说被翻拍成电视剧后，观众会调侃某角色演得不像，因为作者通过文字描述，为小说中的每个角色进行了人物设定。角色的长相、性格都会通过小说的情节展示出来。因此，读者心中会留下一个直观、立体的人物形象。而当演员无法演出读者心目中的样子时，观众自然无法接受。在B站上也一样，如最近很火的"多余和毛毛姐"，看过这个视频的人都会记得里面有个戴着红色假发、操着浓重贵州口音的反串角色。

明白了人设定位的重要性后，我们再来看看人设定位的三个好处。我还是拿"多余和毛毛姐"账号作为案例，以方便大家理解和学习。

第一，好人设能够打造差异化优势。搞笑类的账号有很多，如王大锤、papi酱等，用户对这些账号的风格已经很熟悉了。如果你模仿这类账号来做搞笑类账号，用户很难买账。但"多余和毛毛姐"不一样。首先，其账号的主演是男生，他通过戴假发、穿女装来反串女性角色。无论视频内容是唱歌还是表演，反串形式一直都很容易引起大家的好奇和关注。同时，这位主演还用独有的表情和笑声，演绎了各种搞笑的生活场景。这也是人设的呈现，是他与王大锤、papi酱的明显区别，很容易让用户记住。

第二，好人设能获取巨大流量。在碎片化信息时代，信息也呈现多样化的特点。好人设能让人记住，从而获取大量关注和巨大流量。有了关注量和流量，快速"涨粉"、变现也就更容易了。

第三，好人设是移动的广告位。很多品牌方会请明星做广告，就是看到了明星背后粉丝的力量和价值。我们可以看到，毛毛姐的B站里有不少类似麦当劳品牌这样的广告。给品牌代言、出席线下活动，甚至举办大型演出，都会给账号运营者带来更多的赚钱机会。

每个人都有可能"一不小心成了网红"。对普通人来说，利用B站打造个人品牌可能变得很容易。想证明自己的实力，不需要通过大嗓门；想证明自己有智慧，可以选择用笔杆子，如图4-3所示。

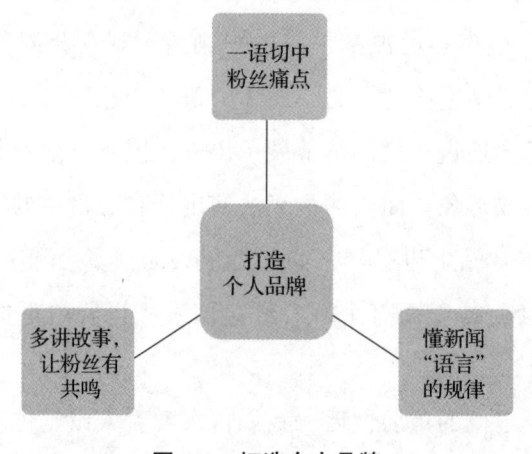

图 4-3　打造个人品牌

1. 一语切中粉丝痛点

有人喜欢犀利的话语，有人则不喜欢。不可否认，一针见血的话语最能体现一个人的文字水平，最能直截了当地说明意思。一般情况下，粉丝不想直接表达自己的根本问题，而是把它藏匿在表象之中。这时就需要大V抽丝剥茧地找到问题的核心，比如有些粉丝抱怨没有动力工作，有一大部分原因来自工作以外的事情，这时大V可以和粉丝聊一聊除工作以外的生活，了解粉丝究竟遇到了什么不顺心的事情，干扰了工作的正常进行。当然，为了节省不必要的试探时间，在确定粉丝的根本问题后，应直截了当地告诉粉丝其根本问题在哪里。这种直接的方式虽然有一定的风险，但是能让粉丝明白你能够理解他，让粉丝给予你更大的信任。大家如果看过金星的访谈节目，应该都能注意到她所采用的节段式的讲话方式。什么叫节段式？首先引出一个问题，在做了了解后一针见血地指出问题的关键点在哪里。这个问题既得到了彻底的解决，也节省了时间。

跟上时代热点，让更多粉丝注意到你。跟上时代热点的做法，决定了你要发展的方向。

首先，选择广而告之。时代热点包含了很多方面，时政、社会新闻等。跟上时代热点不仅能够表达你对各种事情的理解，也能拉近与粉丝的距离，使你不再只是一个遥不可及的网络符号。姚晨在微博上拥有8000万粉丝，在这个微博粉丝达到100万都值得暗自高兴的年代，姚晨变成了真正的"大神"。固然，姚晨的微博是个现象级的存在，但透过她的微博内容就可以看到，一个大V传播出的信息起到了多么关键的作用。

翻开姚晨的微博我们可以发现，除去一些非常常规的中国明星动态外，有很大一部分的内容都涉及社会上的新闻和时事，如汶川地震、玉树地震，在网站上第一时间呼吁大家一起献出自己的爱心；还有老艺术家们的作品推荐，以及国家的一些时政热点新闻。这些内容涵盖了多个方面，在微博上的表现方式也不一样。粉丝群体涵盖了社会各个阶层，对社会时事的看法也五花八门，对信息接受的角度也不尽相同。内容的全面性使姚晨与粉丝的关系不同于传统的明星与粉丝之间的关系。

对于有着较高知识水平的粉丝群体，姚晨微博上的一些艺术作品推荐有很大的吸引力。有很多粉丝在闲暇之余想尝试一下新的艺术作品，包括电影、书籍、话剧之类，但是面对数量相当多的作品不知如何下手。姚晨微博上推荐的时下热门作品正符合这些人的想法，不但让人们看到了好的作品，这一行动也收获了更多的粉丝。

对于没有闲暇时间的粉丝而言，她的微博关注社会热点话题，不管是感人事件、有趣事件、突发事件，姚晨都在第一时间分享在微博上。久而久之，一大部分人开始从姚晨的微博获取第一手信息，她的微博成了许多人观察外面世界的窗口。这些信息的受众范围非常广，每个人都可以被社会时事引发关注，跟上网络时代的步伐。姚晨的微博团队在另一点上做得非常好——尽量不添加太多评论。时事新闻掺杂了许多不确定元素，在评论之前必须清晰了解这件事情的起因、经过、结果。但除了当事人外，外人怕是难以全面了解，所以妄加评论是对自己的不负责。在上升到大V这个层次时，自己随感而发的评论会被无限放大，也有可能被人曲解，造成不必要的负面影响。

姚晨微博上还有一个和时代紧密相连的方面：热心公益事业。2013年，姚晨被联合国难民署聘为亲善大使，在多国探望难民，宣传公益活动。许多有爱心的粉丝想要参与公益活动却苦于无法接触到正规的公益单位，姚晨提供了一个可以全民参与的平台，在微博上公布正规的公益活动和参与方式，鼓励粉丝参与。通过对时事的第一时间把握和分享，不难看出姚晨的微博平台上聚集了各个阶层的粉丝，对时代热点的把握也让姚晨贴近了社会生活，形成了与粉丝间的良好互动。

其次，做到思而论之。时代热点的分类中，另一个大的部分就是时政和新兴事物。这两类有一个相同的特点：相关的讨论没有一个明确的答案，甚至也没有严格的对错之分。新的名词、新的科技，甚至是新的个人用品都可以吸引来大量的粉丝。相比于娱乐圈里的名人，其他工作性质的大V的"吸粉"能力不如明星那般具有先天优势，但是也有许多能够"霸道"圈粉的大V。这个时代的电子产品更新速度极快，新一代的科技随时都有可能出现。雷军为广大网民充当了"侦察兵"，把时下热门的科技产品引入公众视野，让大家来评说这些产品的市场前景。崔永元对新科技的关注也吸引了大量的粉丝，把转基因这种存在不确定性的新事物带到了大家面前。广大网民讨论这些东西时，既是一种高效率的交流，也能与大V之间形成良好的关系。

时政的范围包含了全球的政治动态，而这一部分必须局限在就事论事的范围内。时政的背后是错综复杂的国际关系，这一点和社会事件的性质一样。

2. 多讲故事，让粉丝有共鸣

我们可以讲长故事，但直白的描绘可能由于缺乏情景和细节而无法达到正确的传达效果，不过一个小故事往往能够解决上述问题。微信公众号"真实故事计划"由记者雷磊创立，该公众号每天分享一个由社会各界人士写的故事，由真实事件改编；公众号上线仅一个月每天的阅读量就达到了3万以上，直至现在订阅量还在疯涨。从"真实故事计划"中的文章可以看出，讲好一个故事需要许多技巧。讲故事首先要把话说明白，所叙述的故事要有头有尾，交代清楚故事的来龙去脉、主干情节。开始编故事时，可以先从现实生活中取材，生活中的故事是说不完的，生活中的每个小插曲都可以编成一个故事。在把素材编成故事时，需要做好改编的大纲，哪些部分应该留下，哪些部分应该改造。

在改编素材时应注意以下几点。

首先，主干不变。把取来的材料从头到尾考虑一遍，哪个情节是你事先没有预料到的？突发的情节更能体现故事性，保留这部分情节框架，这是一个故事的核心。一些不必要的情节可以舍弃，或者增加几个虚构的情节，但不要打乱主干情节的发展。

其次，弱化现实因素。既然取材于生活就难免或多或少带有一些市井的元素，这些小细节可以做艺术化处理。比如故事发生在一个小店里，可以把小店的名字改成和故事相关的名字；故事主人公的名字也可以修改，增加可读性。

再次，设置悬念。读者读故事最大的兴趣来自悬念，比如"李××，最终还是把工资扔掉了"，这种有违常理的开头会让读者有读下去的欲望。

最后，是否掺杂了个人因素。这一方面可以因人而异，大V写故事可以不掺杂个人因素，只是把身边发生的事讲述出来，让读者自己去思考发生的事，大V需要做的就是把读者吸引进故事里。有很多有相同经历的读者会产生共鸣,读者会继续翻看其他的故事,粉丝也随着读者的增加而增加。掺杂个人因素,需要大V把素材进一步弱化。弱化这个故事的高潮和结尾,在写作的过程中把个人的看法写进去,表达对事件的看法。或者是以自己想要表达的意见为起点,虚构一个故事。这种做法可以让大V随意编故事,也让读者能够见识到大V的想象力,看得越多,粉丝越多,如图4-4所示。

主干不变	弱化现实因素
设置悬念	是否掺杂了个人因素

（改编素材注意事项）

图4-4 改编素材注意事项

必要时也可以选择短故事。其实和完整故事相对应的是段子,而有些段子也成了"吸粉"的强大手段。薛之谦因为"段子手"这一附加身份而爆红也不是偶然的。网友在看了大量的故事后难免有些视觉疲劳,而一个不足50字的小笑话或是一段经历,再加上意外的结局、幽默的讲述方式,让网友看起来很轻松,再配合网上流传的"表情包",很受网友欢迎。段子和一个完整的故事一样,可以是改编于真实故事,也可以是虚构的一个故事。相较于故事,段子更能达到出其不意的效果,让网友收获意外之喜。想当段子手的第一步是想明白你要写哪类段子,有"腹黑"调侃类段子手,有抖机灵"小清新"段子手。腹黑调侃段子手可以调侃自己,也可以调侃别人；找出无伤大雅的调侃点,自己连词成句,加上自身经历,段子就不会枯竭。"小清新"段子手,刚开始要多看别人写的段子,记下当下的网络流行语,再找到、记录各种"梗",包括社会名流发生了什么轶事,有什么小概率事件；亦步亦趋,熟悉之后把所有元素糅在一起,博人一乐。

3. 懂新闻"语言"的规律

在社交平台上发文时，不管是故事还是新闻都要用标准的格式来编辑，而且还要用新颖的方式来写作。一目了然，这样才能最大限度地让读者理解自己的意思。新闻表达的第一个特点是要具体。新闻用文字说话，而事件是具体的，事件本身的时间、地点、人物这些因素要求新闻语言要具体，少用不太容易理解的抽象概念。比如世界的某处发生了集会游行，新闻应该用鲜明、生动、准确的修饰词，在写这篇新闻时直截了当地交代地点、时间，多余的修饰词无法让人快速切入情景。而正文部分的用词以平实朴素为宜，加之新闻要求真实，白描的手法更能真正吸引读者，产生强烈的感染力。网上的新闻五花八门，能在第一时间吸引读者点击链接，就成功地做好了第一步。接下来就需要用过硬的文案来留住读者，获取大量的粉丝。但是，大 V 写新闻不能完全照着一板一眼的新闻来写作。标题是整篇文章的门面，标题的设置很关键，如今的标题不再是简单地直接叙述一个新闻梗概，而是提炼出最精彩的部分，再加上各种小技巧打造出的，发挥标题与内容的双重作用。

回到新闻语言的本质。大 V 所推送的新闻必然是涵盖了社会各个阶层，新鲜事、严肃事都会涉及，甚至有些自己的经历都能写成通讯稿的形式。这里罗列几个简单直接的写作要点，如图 4-5 所示。

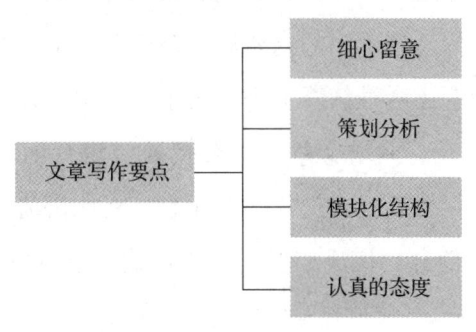

图 4-5 文章的写作要点

文章写作要点：
- 细心留意
- 策划分析
- 模块化结构
- 认真的态度

留心点滴世界（从长远看，往深处看）。这一点就和讲故事一样，围绕我们身边的事情，初看起来多多少少都缺乏新意，了无乐趣，但是把周围的事情都联系起来就能发生奇妙的"化学"反应。如果想要自己的文章能够使读者产生身临其境的感觉，甚至成为流传一时的佳文，那么就必须留心点滴世界，发现身边事情的联系，找出闪光点，让平淡的事物变得不平淡。只有做到这一点，你的文章才能以质取胜。

策划的重要性。事先加入一些能产生新意的点进去，而不是在后期努力营造气氛。一个简单的例子：大学或是公司都会请知名人士去做讲座，但是想要预约的知名人士可能同时接了好几处讲座邀请，为了给自己的学校、公司营造气氛，就不能简单报道。第一点，可以反其道而行之，不一定要在自己的公司或学校内部宣传，把宣传做出去，先让更多的人知道这个讲座。第二点，用头衔换知名度，授予知名人士某些头衔，让他与自己的公司、学校有了联系，这样就给读者以双方往来很密切的感觉。在做足前期工作后，待讲座完毕就把文稿发送出去，让人不仅知道发生了什么，还认识了参与的双方，达到以文稿传递信息的效果。

结构上模块化。新闻文稿也好，网络文章也好，前者不能过于娱乐化，后者不能太过刻板。在写作时应能考虑到，不要让读者在阅读时有疲惫感。新闻文稿在结构上应注重排版技巧，避免白话式的平铺直叙，也不要一言到底，没有节奏。在保留事件的必要元素的基础上调整结构，采用模块化排版，可以递进式、并列式、递进式加并列式，每个模块加上小标题。这样读者看完标题和前面的内容后，还会再看下一个小标题。如果小标题做得很好，读者还会继续看下去；用小标题也可以让整篇文章看起来条理清晰，排版美观。网络文章一定要把社会流行词汇、流行语综合起来，不要用呆板的写故事方式交代必要元素。在能讲清楚主体情节的基础上，去掉不必要的信息，换成小段子、小插曲。读者既能看完主要故事，也不会感觉枯燥无味。

认真的态度是底线。最低级的错误，如错别字、重复、啰唆、语义不明之类是绝对不能出现的，细心地排好每一个字，一定要多读几遍，仔细检查、修改。

> 专栏 4-2

papi 酱：鲜明的人设创造流量传奇

1. 个人简介

papitube 是由短视频创作者 papi 酱与泰洋川禾创始人杨铭于 2016 年 4 月成立的短视频 MCN 机构。成立以来，papitube 签约并孵化了包括 @Bigger 研究所等在内的 170 余位优秀短视频创作者，全网粉丝量近 4 亿，短视频累计播放量逾 1000 亿次。

2. 商业模式分析

第一，吸引观众视线的神奇人设。"大家好，我是一个集美貌与才华于一身的女子"，这是大 V "papi 酱"的开场白。2015 年网名为 "papi 酱"的姜逸磊开始在微博上推送几段时长 3～5 分钟的短视频，视频里犀利的吐槽、精湛的演技、夸张的表情配合合成后的声音，意外地在网络爆红。有网友戏称 papi 酱的短视频是配音版的表情包。papi 酱的每期短视频都是她一个人制作，换好几套衣服，对一个人来说这个工作量是不小的挑战。但在短短半年时间里 papi 酱的微博关注量就突破了 1000 万，每条短视频的点击量都超过了 10 万次。这样炙手可热的自媒体自然不会被埋在沙子里，她马上就成为各大广告商追逐的目标。

第二，为什么大家都喜欢 papi 酱的视频？这个问题很复杂，天下武功，唯快不破。papi 酱之所以选择从短中长视频中快速切入也可能正是因为这样一个重要的因素，在移动互联网时代，网络信息爆炸的今天，每个人每天能够接受和看到的网络信息内容数量都在快速不断扩大，长度仅为 1～3 分钟的短中长视频尤其非常适合于年轻观众在一个非常碎片化的时间进行观看。再之后就是那些鬼畜，这一切都是 papi 酱与谷阿莫的另一个共性。通过后期的录制，音频被改动和变调，内容之间几乎不会有任何停留的空间，对于观众来说会形成一个强有力的震撼和冲击，这也是 papi 酱的影像视频已经开始迅速地占领了 A/B 站的各种"鬼畜区"的原因。模式固然很重要，但是每一个人怎样去体验自己的行为和方法都是最终决定性的。papi 酱拍摄的主要场景也仅仅只是自己的家里，清新自然、脱俗的拍摄手法和表现方式更是给了现场观众们带来了无限的视觉新鲜感，并且这样可以间接让了解的观众充分地直接融入和看到这段拍摄视频的主要场景人物形象中来进去。papi 酱作为中央戏剧学院的一名硕士学位毕业生，在剧目编导、内容的整体规划及准备、每位演员的整体表现与表达能力上都远超过一般网红，这使她的模式很难被复制。

3. 总结与启示

"内容为王"这句话在媒体圈内流传了多年，但真正把它实际运用和执行下去的人少之又少。尤其在今天，当我们用流量来衡量一个内容品牌质量的优劣和好坏，流量所带来的满足感迷惑了许多内容创造者的眼睛和头脑，内容也就开始从以前被认为是教育读者，转化成伺候性的阅读。papi 酱和她的小组也是一起面对同样的挑战，以"戴着撩铐跳舞"方式来应对，在大热之后，他们的人物形象也随之改变，原先完全独立自主的网站内容创作和产出者，已经转变为顾客的服务者。

（资料来源：笔者根据多方资料整理）

二、拍摄技巧：构图美感

在拍摄过程中，为了呈现更好的效果，我们还需要巧用工具，掌握大片效果的拍摄手法和镜头角度。其实，我们在视频里看到的很多像电影大片一样的短视频，就是用普通手机拍摄的，只不过拍摄者更注重拍摄技巧。

1. 使用辅助工具，保证画面质量

不管用手机拍摄视频的时长是几秒钟还是几分钟，如果没有支撑物，就容易晃动，这会大大影响作品的质量。晃动比较严重时，拍摄出来的作品会被评判为低质量视频，无法获得大流量扶持，甚至还会被强行下架；并且用户也不会想看晃动的视频，因为这种视频的体验感不好。可以借助自拍杆、三脚架、手机稳定器、航拍器等工具来提高视频的质量。

2. 运用镜头手法，让视频画面更丰富

在了解以上拍摄工具后，我们再来看看三种实用、简单的镜头手法。

第一种，人物跟拍。人物跟拍有正面跟拍、背面跟拍和侧面跟拍三种方式。正面跟拍是镜头保持在人物正前方，拍摄者与拍摄人物行走速度一致，一边跟拍，一边往后退。这里要注意，镜头要处于人物中心偏下方的位置，尽量低于平视视角，这样会让人有点仰视的感觉，也会显得人物体形修长，镜头视野也会更开阔。背面跟拍是镜头在人物背面跟随拍摄，拍摄者与拍摄人物行走速度一致。同样要注意，镜头要处于人物中心偏下方的位置。侧面跟拍是镜头保持在人物侧面，并排跟随拍摄，手机移动速度保持与拍摄人物行走速度一致。这里也有个窍门：被拍摄的人物和镜头中间可以有路灯、电线杆等遮挡物，这样画面中会有遮挡物不断掠过，画面会更加立体饱满，视觉效果会让人更舒服。

第二种，人物定拍。人物定拍是指人物位置不变，而镜头位置不断改变的镜头手法。镜头向前推进，人物位置不变，镜头从远到近向人物移动拍摄，同样角度稍微低于平视视角。镜头向后拉远也是一样的。这两种拍摄手法能够体现空间和人物的关系，从而表达拍摄对象的情绪。

第三种，环绕拍摄。环绕拍摄是指人物位置不变，镜头绕着人物进行拍摄。如果人物同时反方向缓慢旋转，会让最终呈现效果更好，能够全方位地展示主角的形态，并凸显其强大的气场。很多影视剧都用到这种镜头。用手机也能拍摄这样的画面，是不是很有趣？

三、直播录制：工具与玩法

在直播成为世界社交潮流的背后，映射着大量的同质化内容。吃饭、表演、玩游戏等是目前大多数直播平台共有的内容，名人、明星、网红是多数企业直播已经瞄准的直播"道具"。但是，伴随着直播的不断发展和完善，再富有创意的内容都会变得平庸，所有新奇的模式都会归于平常。企业要想在常规直播中获取营销的成功，就一定要具备一些直播的"秘密武器"。

把产品变成直播道具，让广告更加自然。有时直播营销也无法避免大多数营销中的套路，企业在营销过程中过多强调产品，容易让观众产生抗拒心理。这种刻意的广告，甚至会让直播营销失去原本的优势，让观众难以接受直播的内容。因此，哪怕是常规的直播营销，也要避免这种情况出现。当企业想要强调产品的时候，就可以通过别的手段将产品变成直播的道具，使广告变得更加自然，提高观众的接受度。

主播花式搞笑，让广告变成段子。利用主播的花式表演来逗笑观众，实际上是一种非常常见的直播方式。但是，如果能让主播在逗笑观众的过程中，"毫无痕迹"地穿插产品的广告，让观众一边笑一边购买，就可以带来意想不到的销售量。

聚焦精准人群，让直播更有感染力。由于直播领域的垂直细分，未来直播营销也必定会在内容上更加细致。企业的直播营销想要在未来细分的领域中占领先机，就必须让直播在观众群体中更有感染力。也就是说，具备强大感染力的企业直播，可以引发观众的共鸣。当观众的心理与产品相呼应时，销量自然会一路飙升。

企业让直播营销具有感染力，除了要具备生动有趣的内容之外，最重要的是要有特定的人群。首先，企业要确定产品的定位。对产品定位是企业最基本的要求，所有的企业在生产之前都应该清楚自己的产品即将面对的消费群体和竞争市场。其次，企业要勾勒出消费者群体的轮廓，也就是说要大致分清楚消费者的主流，如消费者的年龄层次、性别、地域等。最后，企业要分析这些人群的需求，让直播营销的内容能够利用产品的特性，直击这些消费者的需求，使他们产生购买的欲望。

第三节　流量变现

真正做到流量变现，难度较高。网红们可以通过在视频中植入广告，为电商、微商以及其他平台或 APP，甚至电影、电视、综艺的周边商品引流，带动实体店铺或淘宝等电商店铺的销售量，最终达到变现的目的。

一、实力圈粉

在流量变现上，一个叫"表情兔"的账号就做得不错。该主播通过细致的观察，了解到广大网络用户对表情包有浓厚的兴趣，但是又不知道去哪里搜索表情包。于是"表情兔"的一位主播就与主要提供免费表情大礼包的一个微信官方公众号平台进行了战略合作，使这个微信公众号两天就可以"涨粉"130万，一周就可以能够连续"涨粉"150万。对"表情兔"主播和公众号来说，双方的粉丝数有了明显的增长，实现了双赢，大大增强了变现能力。

1. 视频＋实体店铺，吸引粉丝到店消费

电商商家如果想吸引消费者到店"打卡"消费，那么自家店铺就是最好的视频拍摄场地，平时卖的商品便是最好的背景道具。一个名为"天猫小点，冬冬超市"的主播经常在自己的店内拍摄搞笑视频，道具用的便是自家店内的商品。这些搞笑视频吸引了用户，进而吸引粉丝关注店铺和商品，从而达到让粉丝光顾店铺的目的。简单地说，就是在拍摄视频时，植入店铺的信息和商品，一旦视频得到粉丝的关注，那么他们就很可能会搜索该店铺，最终为店铺带来流量，从而实现变现的目的。

2. 视频+小程序，实现组合式变现

2020年，微信小程序的数量已经超过了380万个，小程序开发和推广费用相对较低，非常适合创业公司和小公司。虽然微信小程序上线时间不长，但是蕴含的商机巨大。这里的"视频+小程序"组合变现模式是指：先通过富有创意的短视频为小程序引流，然后吸引用户购买小程序上的商品，从而达到变现的目的。不过，视频需要有创意、趣味性强，用趣味性十足的表现方式展现小程序、店铺或商品的亮点，吸引用户的目光，达到将用户转化为消费者的变现目的。同时，视频中一定要加上微信小程序的名称和使用方法，这样才能让用户更容易明白小程序的用途及优点，引导粉丝关注小程序。

> **专栏 4-3**
>
> ### 李子柒：分享我的生活，恰好你也喜欢
>
> **1. 个人简介**
>
> "李家有女，人称子柒"，李子柒在B站中这样介绍自己。轻盈身姿、一袭素袍，她或是策马奔跑在景色怡人的乡间小道，或是耕作收割、自制佳肴，身边花果飘香、蛙鸣稻田——集中了几乎所有大热元素的"李子柒"无法不红。她的美食视频题材基本来源于中国乡村古朴的传统生活，以中华民族美食文化为主线，围绕衣食住行展开，让缫丝、竹编、酿酒、造纸等许多非物质文化遗产项目进入大众视野，甚至吸引了一大批外国友人的关注。视频制作精致，不管是雨落屋檐、灶台炉火，还是肩扛枯柴、石磙碾姜，都营造出一种宁静祥和的意境。
>
> **2. 商业模式分析**
>
> 素材丰富取之不尽。李子柒的视频充满乡风古韵，有着田园牧歌式的

村野情趣，这与她自小生活在乡村息息相关。"小时候经常到竹林里逮竹甲虫，拿回来炸着吃，现在已经很少见到了。"说起童年的农村生活，李子柒眼神里流露出喜悦，"夏天在院子里看爷爷做蔑活，如编背篼，我也学了一些。"在拍《水稻的一生》时，她从播种到收获、耙田、抛秧、插秧、守水、巡水，全程亲力亲为。不过，别看视频里她站得稳稳当当的，看上去很潇洒，实际这个工作并不简单，还很危险。她的叔叔因为没站稳，腿上就被耙齿拉了一条很长的口子。拍水稻的一生、辣椒的一生、黄豆的一生，拍大米怎么来、酱油怎么酿，李子柒在视频里对农作物的生长追根溯源，从头到尾讲得清清楚楚。她说："我担心现在很多孩子四体不勤、五谷不分。"之前有老师给她微博留言，说孩子们以为水稻是树上摘下来的，她很震惊。"我希望他们能通过视频了解食物的来源，牢记食物来之不易。"有人觉得她的视频更新慢，视频内容时间跨度拉得也大，但慢对她来说不是问题，因为"春播夏长，秋收冬藏，天下万事都有其规律"。至于有人担心的拍摄灵感和题材枯竭，她摇摇头说："中国农村的东西太丰富了，拍不完的。"

　　分享了一种生活，恰好你也喜欢。李子柒的视频不仅在国内火了，也受到许多外国网友的追捧。白岩松评价她：面向世界的传播中，没什么口号，却有让人印象深刻的口味，更赢得了一个又一个具体网民反馈回来的口碑，值得借鉴。"歪果仁研究协会"会长高佑思认为，李子柒的视频触动了人们内心最深沉的区域，"通过视频你能感受到温暖，感受到家庭的意义""美好的东西都具有共通性，我自己喜欢，外国朋友也喜欢。这种美好是不是我带来的并不重要，关键在于分享了我想过的生活，恰好你也喜欢。这种共鸣让人感到满足。"李子柒说。她坦承自己很幸运，但在其经纪公司——杭州微念科技有限公司联合创始人刘同明眼中，不仅仅是幸运："她是短视频领域的天才型选手，全靠她过去的每一步积累，才成就了今天。"画面里，她忙里忙外，播种犁地、插秧打谷、劈柴生火、飞针走线，张罗一家人的生计，动作娴熟麻利。画面外，她要构思视频架构，思考拍摄内容，处理后期剪辑。

3. 总结与启示

在全媒体时代，李子柒走红海内外，这其中有其值得总结的文化传播规律。文化的融合和文明的传播是一个奇妙的旅程，常常暗合"无心插柳柳成荫"的规律。如何让一种文化理想精准落地另一种文化土壤，让不同文明之间实现交融和对话，避免陷入文化的自言自语、孤芳自赏，这需要真正深入了解不同文化之间的异同。没有宏大叙事，没有预设的目的和动机，凭借自身的勤劳与纤巧，通过短视频这一直观的表现手法，李子柒展示出山村生活的美好部分：具有烟火气和人情味的中国农村女孩形象，仁爱、勇敢与自然和谐相处的人文精神内核。以上这些都是可以为世界各国文化广泛接受的价值理念，或许也是李子柒作品在海外广受欢迎的一个重要原因。中华传统文化博大精深，其内在的价值理念也具有很多面向，我们要取其精华，去其糟粕，继承和发展其中符合社会进步和人的发展需要的价值理念，这也正是中华文化与世界文明对话的重要价值共识。

（资料来源：笔者根据多方资料整理）

二、广告变现

我国电商近 10 年来已经获得了快速的发展，相比之下，广告则显得相当古老，但它永远都不会过时。只不过，伴随着形态和方式的变化，对广告的要求也越来越高，总结成一句话应该是：哪里对广告具有最大的关注程度，哪里才有机会获得广告人的青睐。对网红而言，广告是最直接也是最常用的变现方式。尽管广告变现的天花板并不高，但它已经能让网红过得很好。

1. 广告变现的方式

从软广告和硬广告的角度来看，大多数网红都十分珍惜个人品牌的内容调性，倾向于找到能够联系广告和内容的桥梁，用相对柔软巧妙的方式实现广告的"神植入"。这正是目前各大品牌重视这些网红的原因：拥有鲜明人格化特征的网红能将内容和广告有机结合起来，这样的广告植入有情感、有态度，比传统的植入式广告的曝光度和感染力更高。这些网红拥有一定数量的粉丝群体，他们对这种植入式广告的接受度很高，不仅会称赞广告植入角度巧妙，甚至会主动传播这些广告。"神植入"需要耗费大量精力，因此开门见山的硬广告也拥有相当比例的市场。除了直接让网红在内容中给品牌打广告外，邀请网红助阵新品发布会直播也越来越流行，广告变现的方式如图4-6所示。

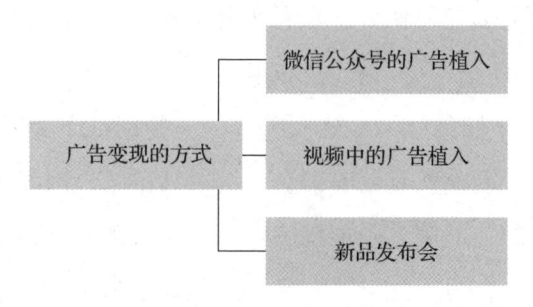

图 4-6　广告变现的方式

第一，微信公众号的广告植入。我们在采访网红时了解到，微信"大号"的广告投放市场价基本为1次阅读1元，千人展示成本（即每1000人看到这条广告所产生的成本）高达1000元。当然，这只是一个最简单的评判标准，毕竟阅读量还与选题、热点、时机等多个因素密切相关。但是，不可否认，这些微信公众号的广告投放价格已经远高于传统渠道以及一些新兴网络渠道。

品牌方投放广告时，当然希望看到足够高的曝光度和令人欣喜的阅读量，一些娱乐号、营销号同样能够带来同等量级的曝光度，但是，在互联网时代，广告主更看重转化率，品牌方在意的是这些意见领袖能否引导粉丝作出行为决策。如果没有归属感，用户往往只看前面的内容，而对后面的广告无感，那么即便是同样的阅读量，转化率也会低很多。有了这样的优势，微信"大号"广告的排期就像喷泉喷出来的水，只要持续创作内容，广告似乎就会源源不断。但这并不意味着这些自媒体会在疯狂的广告轰炸中失去自我，相反，它们对于品牌方的选择标准异常严格：品牌必须和公号调性一致，内容风格必须由自己来把控，对内容干涉过多的甲方会被推掉，内容已经完成却反复改期的甲方也会被推掉。这并非任性而为，只是在价值引导这件事上，这些爱惜羽毛的自媒体并不希望辜负自己的粉丝。

第二，视频中的广告植入。例如，精心设计和制作的内容、出色的故事性使喵大仙受到各大品牌的欢迎和青睐，其视频里的品牌广告就像一个电影里面的植入广告。甚至可以在喵大仙的视频里直观地看到唯品会、百事、美黛拉、金大福等品牌，品牌的植入和传播方式非常自然，对于故事和剧情几乎不会造成任何伤害。喵大仙每条视频的最高平均点赞量一直维持在 10 万以上，评论少则几千，多则上万。

第三，新品发布会。除了植入广告，一些网红开始从线上向线下转移。不少品牌举办新品发布会时都会邀请网红出席，网红通过直播新品发布会现场获得报酬，品牌方则依靠网红的影响力扩大宣传效果。美宝莲的新品发布会就是一个例子，美宝莲除了邀请女星 Angelababy（杨颖）之外，还邀请了多达 50 位网红出席发布会。直播中，除了 Angelababy 在上海南浦大桥赶赴现场以及在化妆间的各种细节之外，50 位知名网红分别在不同直播平台上以不同的方式进行了现场直播，使此次的网红发布会空前火爆。1 个多小时的真人视频在线直播，仅腾讯视频的在线收看总人数就已经达到 500 万，美拍视频在线收看的总人数高达 8 万。直播宣传结束后，美宝莲共卖出 1 万支"唇露"口红，转化后实际销售额高达 142 万元。然而，广告营业率较低的天花板，也使网红们心存疑虑，毕竟谁也不能保证永远都会拥有高人气，或者新的传播媒体形式一旦出现，他们很可能会被下一批的新网红所替代。

2. 做好广告变现

电商商家通过广告变现达到赢利的目的。那么，如何让广告效应获取更多收入呢？这就需要注重视频广告的内容，不仅要使广告内容新颖独特，而且还要贴合品牌。

首先，植入品牌的内涵与内容相契合。植入式广告如今越来越流行，越来越被品牌主青睐，主要原因就是植入式广告自然流畅，很容易被用户接受，在与场景、剧情融为一体的时候，也容易被人记住。在接广告之前，一定要弄清楚自己的核心粉丝群体特性，调查和对比核心粉丝群体与品牌目标用户之间的契合度，这样在制定广告拍摄方案时，才能"对症下药"，将广告的效果发挥到极致。通常来说，核心粉丝群体越接近目标客户特性，植入广告的效果就越好。好的广告植入一定是将场景、剧情和品牌完美地融合。所以在视频中植入广告时，我们一定要确保品牌的内涵与视频内容一致，切忌出现"风马牛不相及"的状况。例如，在一个以穿衣搭配为主要内容的短视频中，强行植入冰箱的广告，显然就有些不伦不类。

其次，幽默植入法，让广告成为视频中的笑点。当用户在看视频时，突然弹出一支广告来，着实让人讨厌，如果视频广告越来越多，就会导致粉丝大量流失。但是，要想将流量变现而后赢利又离不开广告，那我们该怎样才能兼顾两者呢？看上去很矛盾的事情，其实也有解决的方法，这个方法就是幽默植入法。没有人会抗拒幽默搞笑的人，同样，也没有人会抗拒幽默搞笑的视频。我们将广告视频做得风趣幽默一些，不仅不会让用户反感，还会吸引更多的粉丝。

最后，为品牌商定制内容。随着植入式广告越来越多，用户已经厌倦了用剧情来弱化广告生硬感的方式，因为他们已经越来越熟悉主播的惯用方式，开始觉得有些广告植入的不自然，一旦这个情况出现，我们直接告诉用户广告时间到了。既然植入式广告高频率出现越来越令人厌倦，那么我们何不大胆定制一些专门针对品牌商的广告视频呢？值得注意的是，这类视频的制作也要注重内容的趣味性和信息的集中化，偶尔换一换口味，用"耿直不做作"的方式打广告，说不定会更符合大众的口味。这类专门针对品牌商做的广告视频，最大的好处就是直接将商品的特性和功能展现出来，从而让用户能直接了解到产品信息，这比植入式广告更快、更直观。因为植入式广告受到太多的约束和局限，既要保证产品质量又要照顾粉丝，使用户对商品的了解只流于表面，导致用户的转化率很低。因此，专门针对品牌商做的广告视频的优势就显出来了。

虽然粉丝对广告比较排斥，但是只要我们的广告内容足够风趣、幽默，粉丝也会欣然接受。总之，视频要达到品牌商期望的效果，又要满足广告变现的愿望，就要在制作时做到主题鲜明和风趣、幽默。

三、官方变现

对于官方来说，可以通过做电商来实现流量的变现。有关数据表明，电商商家主要的收入来源就是广告费。但是，随着越来越多营销模式的出现，很多电商商家不再满足于仅仅依靠单一的变现渠道了。如今，部分店铺已经通过视频的形式进入广大粉丝的视野，粉丝可以直接通过店铺链接购买自己喜欢的商品、电商商家主播推荐的东西。而且，商家主播的账号达到一定等级后，购物车的功能会自动开启，使粉丝购买产品更加便捷。于是，许多粉丝通过软件的购物车功能，点击购买链接抵达店铺，选择购买商品。用短视频将一款商品打造成网红商品，会给商家带来很大的利润额。

让视频极具说服力是电商变现的首要因素。有人认为掌握好视频的拍摄技巧，或者拥有大批粉丝就能够胜任电商这份职业。其实不然，电商的营销是否成功，与拍摄技巧、粉丝用户多少没有直接关系。之所以出现销售不好的状况，主要是场景选择得不恰当。很多用户并没有在一开始就抱着购物的态度观看视频，而是把它作为一种消遣。在这种状态下，电商商家要想让用户购买自己的产品，那么拍摄的视频就必须有足够的说服力，让用户在观看短视频后，对其中的某个产品产生强烈的购买欲望。例如，在推广有升降功能的锅时，一个短视频致力于描述这个锅很实用，但没有具体说出这个锅为什么实用，用户在观看的时候会觉得很无聊，就不会有购买欲望。如果为这个视频选择一个吃火锅的场景，用升降功能快速地捞起沉在锅底的食物，就能让用户更直观地了解这个锅的使用方法、特殊功能等，让用户觉得这个商品是真好，从而购买它。由此可见，选择一个好的拍摄场景能让短视频的内容更具说服力。

总之，相较于传统的图文宣传的营销模式，B 站在很大程度上具有前者无可比拟的优点。对很多电商商家来说，"短视频＋电商"已经成为最有效的变现方式，能够给自己带来利润。不管电商变现是以哪种方式进行的，都应该对自己的目标客户有一个清晰的定位，然后在保证短视频质量的基础上，不断争取可以变现的机会。

专栏 4-4

暴走漫画，暴走周边"防不胜防"

1. 公司简介

暴走漫画（以下简称暴漫）是网络上流行的一种开放式漫画，通常是根据日常生活故事和段子，以简单的手绘表达方式组成的漫画。暴漫的母公司是西安陌陌信息技术有限公司，是一个提供暴漫制作和展示的网站。暴漫在 B 站漫画版块拥有 600.6 万粉丝，其独特的风格和强大的周边产品深受粉丝喜爱。

2. 商业模式分析

能够取得这样的成绩，除了暴漫旗下老牌内容《暴走大事件》第八季在 B 站独播，吸引了不少站外的忠粉之外，更重要的是暴漫官方在"整活"运营思路上有一套。与常规 UP 主发力于选题策划方面，提升视频内容创意和质量吸引用户不同，在《暴走大事件》宣布独家于 B 站之后，也立刻开展了与诸多 UP 主的联动活动，如联合鬼畜区 UP 主枪弹轨迹、科普区 UP 主兔叭咯探班上海的 B 站公司总部，通过内容引发强强联合从而达到共赢。

不仅如此，暴漫旗下的其他账号矩阵，也加入了这场高强度的联动合作中。以近期在 B 站非常火爆的《天天鉴宝》账号为例，与调侃直播带货火起来的陈胖胖互动，为胖家军的诸多"藏品"点评；而这期节目结束后，"鉴刑"第一人的牛道德老师也曾多次在节目中提起那个被评论区宝友们津津乐道的水晶琉璃奥特曼，节目效果堪称爆笑。

除此之外，暴漫还通过其周边产品的宣传扩大自身影响力。暴漫有两种周边产品：一种是虚拟周边，另一种是实物周边。虚拟周边就是高人气的暴漫表情包。暴漫表情意外走红之后，暴走团队更加关注表情包的制作与发展："同样抱着做产品的思路，做表情我们也是快速迭代，我们在自己社区里试用，不断开发和了解市场喜欢什么，不断去'压迫'我们的画师，一个表情要画十次，再看哪个好，先在自己的 APP 里测试。好的东西就放到 QQ 里，让更多的人使用。六个月迭代一次，在表情里算速度非常快了。"如今，不止 QQ，微信也有了暴漫表情，微博上更是随处可见，网友发布微博说了什么吐槽的话都喜欢附一张暴漫表情图。除了普通售卖的周边产品，稍微大件"奇葩"的周边产品采取了众筹的方式，官方的淘宝店首页经常会出现暴漫众筹的通道。这样非常明智，粉丝想要什么就做什么，而且暴漫人气这么高，很少有众筹失败的产品，粉丝只要做好"买买买"的准备就行了。

3. 总结与启示

总之，暴漫搭建的场景难以模仿，本就独树一帜，同时在网红自媒体界巨大的竞争压力下不断创新，产品和节目质量都不断提升，保持着良好的上升态势，始终在网红排行榜上占有一席之地。只要暴漫表情包流行一日，暴漫粉丝就会不断地增加，暴漫防不胜防的周边产品就会受到热烈的欢迎。暴漫的风格或许无法借鉴，但电商企业可以学习暴漫如何把握年轻网友心理，如何根据网络进化不断创新。

(资料来源：笔者根据多方资料整理)

四、直播变现

当下的直播市场确实一片繁荣，因为直播聚集了互联网上大多数的流量。然而，流量在营销中只能代表市场，而将这些流量变现则需要依靠不同的方式。企业则需要根据自己的需求，将这些变现方式与直播营销结合，进一步提高直播流量的变现率。

1. 现有的直播变现方式

目前，在直播的发展过程中，已经积累了部分主流的变现方式。这些变现方式在企业直播营销中，都能够在一定程度上带来收益，如图4-7所示。

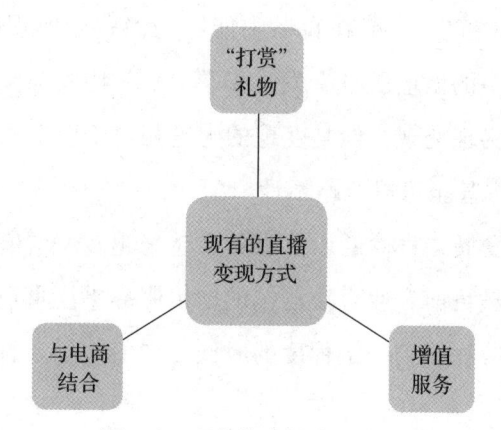

图 4-7　现有的直播变现方式

第一，"打赏"礼物。"打赏"礼物是目前最常用的变现方式，并且多数直播平台和主播都以观众的"打赏"为主要收入来源。从直播1.0时代的传统秀场开始，"打赏"礼物的变现方式就一直存在。"打赏"礼物是观众积极参与直播活动的重要表现之一，同时主播也需要观众的直接"打赏"作为持续直播的动力。因此，无论在任何时代，"打赏"都是直播过程中必不可少的重要成分。但是，伴随着科技的发展，直播设备也会不断升级，"打赏"的收益会逐渐无法支撑直播设备的成本。再加上观众对直播内容的要求不断提升，能够满足观众的优质内容会越来越少，在这种情况下直播受众"打赏"的频率也会相对降低。因此，即使"打赏"礼物是直播不可缺少的变现方式，但是不会成为未来主流的变现方式。未来直播中，"打赏"礼物会更加侧重于对直播平台和主播的鼓励，而非主要收益来源。

第二，与电商结合。直播与电商结合进行线上销售即直接将产品贩卖出去，不仅是直播营销的重要方式之一，而且也是目前效益最高的直播营销变现方式之一。商家通过线上的直播平台，在直播空间中放上产品的链接，进而让观众通过直播平台直接购买。这种直播营销的变现方式突破了直播依靠"打赏"变现的限制，让流量的价值得到了大幅度的提升，让企业的互联网营销市场与直播初步连接起来。

第三，增值服务。增值服务是目前直播营销变现方式中最为稀少的。由于技术设备不成熟，一般在直播中能够为消费者实现的增值服务非常少，目前应用最多的增值服务有发送弹幕、VIP特权等。虽然增值服务能够在一定程度上实现变现，但是变现的力度相对于以上两种变现方式来说效果一般，变现率甚至可以忽略不计。

随着技术的发展，直播的增值服务会越来越多，增值服务的变现率也会随之提高。虽然目前企业直播营销的增值服务更注重观众的体验，但是当直播的技术支持积累到一定程度的时候，增值服务为直播营销带来的变现率也会不断攀升。

2. 未来的直播变现方式

企业的营销方式伴随着社交平台的演变而进化，在直播统领的营销时代，直播营销也会随着直播技术的进步而发生变化。因此，当前主流的直播变现方式，在未来会被逐渐削弱。未来的直播营销，必定不会将变现的渠道集中在某一点，而是进行多方位的变现。也就是说，未来会出现更多的直播变现方式，并且企业从各种变现渠道中获取的收益会更加平均，如图4-8所示。

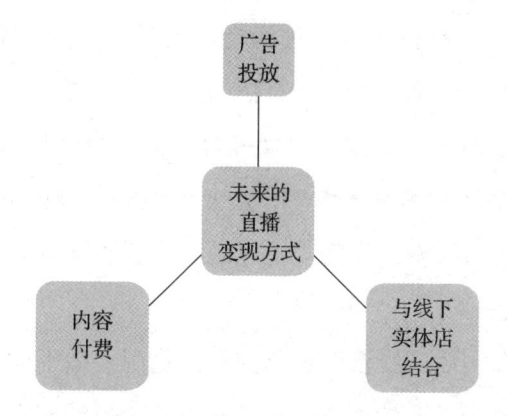

图 4-8　未来的直播变现方式

第一，广告投放。在直播中投放广告，实际上就类似于电视中插播的广告。虽然互联网"百播大战"的局面还未结束，但是这场残酷的直播竞争，必定会淘汰掉直播市场中大量的水分，最终留下被大多数观众接受的直播平台。当直播的内容越来越正规、观众在剩下的少数直播平台中大量聚集的时候，企业和商家必定会被流量吸引，然后出资让平台在直播的过程中放上广告。广告可以带有链接的形式，当观众对广告中的产品产生兴趣的时候就可以直接点击链接进行购买。直播平台上的广告投放不仅让直播平台可以获得广告资金，还能够让企业"无界限"地吸纳消费者，让消费者在购买中实现流量变现。因为，此时的广告投放不需要产品和直播的内容绝对相符，也不需要企业进行创新将广告和直播内容完全融合，就像普通的电视广告一样，将企业的特色产品展示给消费者即可。因此，无界限地投放广告必定会成为未来直播营销变现的主流之一，并且这种变现方式会使企业的市品遍布于全球互联网。

第二，内容付费。当直播的内容在发展过程中变得越来越好、越来越能够满足观众的时候，就可以直接让观众为直播内容进行付费。虽然目前付费的直播内容非常少，而且在这些少量的付费直播中，大部分会让观众产生反感心理，但是，伴随着直播内容的创新、优化以及版权意识的加强，内容付费是未来直播发展的必经之路。未来的直播平台已经不能单纯地视为社交平台，观众在平台上进行社交的过程中会不断地产生消费行为，而直播营销也会逐渐成为未来直播的主要目的之一。当观众对内容的需求越来越苛刻的时候，必定会出现针对直播内容开展营销活动的企业；而为了给观众带来优质的直播内容，企业可能需要提前准备很长的时间。观众为企业直播内容付费，则完美地体现了企业直播内容的价值，是流量变现的重要方式之一。

第三，与线下实体店结合。将线上的流量引入线下的实体店，是目前最难实现、未来最为重要的直播营销变现方式。虽然"直播+电商"可以让流量在线上进行直接购买，但是这些流量的变现都被局限于线上，给消费者带来的良好体验也非常有限。如果想为消费者带来最完美的体验，最好的方式就是想办法将流量引入线下的实体店中，让消费者在实体店内亲自体验。其实这种将流量引入线下实体店的变现方式现在已经出现了，如肯德基旗舰店入驻天猫的时候，在天猫直播平台进行直播的过程中，一边直播一边发放电子优惠券，抢到优惠券的观众就可以直接去线下的实体店购买相应的产品。肯德基的这种直播营销变现方式，就是有效地将线上的流量引入线下，让消费者在线下消费实现流量变现。

不同的变现方式都会为直播营销带来不同的收益，因此未来直播营销的变现方式必定不会将重心偏向于某一点，而是多角度地结合各自的变现方式。通过多种变现渠道，将流量在线上和线下的变现效率尽可能地提升。

专栏 4-5

B 站"2020 最美的夜"：
直播人气峰值 2.5 亿，出圈效果显著

1. 背景介绍

2020 年 12 月 31 日，哔哩哔哩与央视频联合举办的"2020 最美的夜"bilibili 晚会正式播出，此次跨年晚会在北京、武汉、香港、台北四座

城市设立会场，邀请一线知名主持人、众多主流艺人、平台头部 UP 主和主播组成豪华表演嘉宾阵容，晚会规模相比 2019 年进一步升级。bilibili 晚会作为互联网视频行业第一个跨年晚会品牌，将影视、动漫、游戏多元 IP 融合，对不同世代和圈层文化进行了各种创造性改编，不仅彰显了 B 站的平台特性，也推动了 B 站品牌持续出圈和升级。

2. 商业模式分析

第一，B 站 2020 跨年晚会主打多元文化融合，规模全面升级，内容泛化，同时迎合年轻群体需求，在异常激烈的跨年晚会竞争中形成了不同于其他卫视的底色和调性。在晚会播出平台上，此次 B 站跨年晚会新增了多个播放平台，包括央视频 APP 和香港 TVB 翡翠台，目标观众不只是 B 站用户。除了央视频同步直播晚会外，还在香港 TVB 翡翠台联合播出，并采用普通话原声及中文字幕呈现，这是 TVB 翡翠台首次播出内地互联网公司举办的晚会，B 站晚会的影响力和潜在用户群体得到进一步拓展。同时，晚会的舞台规格也全面升级，通过 4K 超高清画质、杜比全景声制作标准，给观众带来全方位超高视听体验。在表演内容上，晚会融合了影视、动漫、游戏多元文化，经典 IP 漫威、仙剑奇侠传、英雄联盟、EVA 等轮番登台，唤醒了 B 站年轻人的青春回忆。钢琴家郎朗带来了钢琴组曲《漫威英雄永不落幕》，年轻舞者黄潇在《西游•问心》节目中通过舞蹈再现了真假美猴王、盘丝洞等经典片段，年仅 7 岁的 B 站 UP 主 "弹吉他的 Miumiu" 与多位海外音乐艺术家连线表演歌曲 "See You Again"。除此之外，还有 B 站头部主播冯提莫、百万 UP 主我是瞳瞳啊、呦猫 UNEKO、国风喵喵咪、盗月社食遇记等。与 2020 年一样，压轴出场的五月天再次唱响经典歌曲《干杯》，观众纷纷打出"哔哩哔哩干杯"的刷屏弹幕，整场晚会气氛达到最高点。

第二，网络播放数据亮眼，人气峰值突破 2.5 亿，已成功打造互联网平台跨年晚会品牌 IP。从多台跨年晚会的收视数据来看，2020 央视晚会以 1.71% 的家庭收视率和 25.85% 的市占率稳居第一，湖南卫视紧随其后，家庭收视率达 1.44%，市占率达 21.75%，在省台跨年晚会中位居第一。江苏卫视、浙江卫视、东方卫视、北京卫视市占率均处于个位数水平。从网络传播数据来看，B 站 "2020 最美的夜" 晚会在微博话题阅读量达到 8.8 亿，话题讨论量达 102.3 万，相比于卫视晚会在网络讨论和传播度上较为领先。截至 2021 年 1 月 1 日晚间数据，"2020 最美的夜" 晚会在 B 站上的播放量逼近 1 亿次，高于其他卫视在网络平台的播放量。当晚，"B 站跨年"（阅读 6.1 亿、讨论 29.6 万）、"这次跨年真的爷青回"（阅读 2.7 亿、讨论 7.1 万）、"五月天跨年官宣"（阅读 1.3 亿、讨论 9.6 万）等晚会相关话题频频登上微博热搜榜，晚会直播人气峰值突破 2.5 亿。我们认为 B 站跨年晚会在网络平台的传播度和播放量数据相比众多卫视具备一定优势，已经形成了互联网平台跨年晚会品牌效应。

第三，2020 年以来，B 站品牌宣传动作频频，用户规模实现强劲增长，社区持续繁荣，出圈成效显著。B 站通过积极的运营策略与卓有成效的品牌传播，进一步推动了用户规模强劲增长。2020 年第三季度哔哩哔哩 MAU 同比增长 54%，达到 1.97 亿，8 月单月 MAU 突破 2 亿，已超过今年 1.8 亿的目标；移动端 MAU 同比增长 61% 达到 1.84 亿；日均活跃用户同比增长 42%，达到 5300 万。2020 年第三季度付费用户数为 1500 万，付费用户数增长率高于 MAU 增长率，显示出较高增长质量；正式会员数为 9700 万，年留存率继续保持在 80% 以上。日均使用时长达 81 分钟，日均视频播放量达 13 亿次，月均互动数 55 亿次，忠实粉丝基数（粉丝超过 1 万的内容生产者数量）同比增长 75%，用户规模提升的同时，用户付费意愿继续上扬。

3. 总结与启示

2019 年跨年晚会、2020 年的《后浪》《入海》《喜相逢》三部曲品牌宣传片以及 2020 年跨年晚会，都引发了不同圈层的广泛讨论与传播。伴随着内容的持续破圈，B 站的品牌认知度与影响力都获得极大的提升，不仅吸引了海量用户和创作者的加入,也赋予了社区更多的商业潜能。凭借着高质量的用户群体,元气森林、美的、题拍拍等成为此次跨年晚会的官方品牌赞助商,B站对品牌广告主的吸引力持续提升。

(资料来源:笔者根据多方资料整理)

五、其他方式变现

在流量时代,流量变现的方式愈加多样化,除了上文所说的几种,还有服务变现等,如图4-9所示。

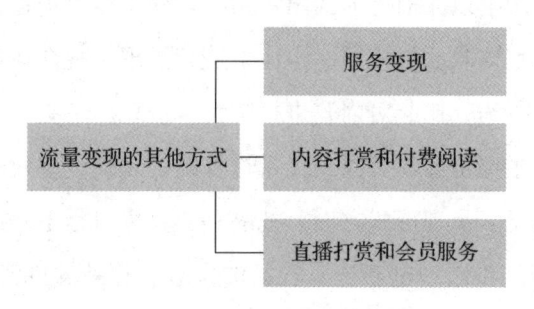

图4-9 流量变现的其他方式

1. 服务变现——粉丝打赏、会员服务

基于网红已有的粉丝和关注度,延伸出了产品(电商)和流量(广告)两种变现路径,这两种都属于内容创业的范畴。网红制作的内容具有一定的吸金能力——自媒体文章的打赏功能、专业领域中专家的付费阅读,以及顶级直播的打赏方式都将内容本身作为一种消费产品,通过消耗碎片时间和认同感来服务粉丝。

2. 内容打赏和付费阅读

在移动互联网时代,微信公众号已成为图文内容创作的最重要的渠道之一,其之于自媒体的意义和价值相当于"放大器"。个人的天赋和才能通过微信公众号平台的去中心化和社交传播，获得了广泛的认可。广告随之而来。令人欣喜的是，有相当一部分自媒体网红，在品牌抛出橄榄枝的同时，依然对优质内容秉持着一份虔诚的执着态度。石榴公说："内容写作就是内容写作，有灵魂、有个性的写作。"虽然到目前为止，通过内容本身赚钱并不是盈利大头，但它是立身之本，是必备的基础，因为只有内容才能在互联网上进行传播。

3. 直播打赏和会员服务

直播打赏已经成为目前互联网直播领域中最主流的收入方式，平台首先把自己的虚拟信用卡以充值等形式出售给了观众，然后把在直播时收到的虚拟信用卡礼物的整体收益均按照一定比例进行折现。观众在观看直播的过程中"刷礼物"的行为，比起对内容进行赞赏，表现出了更强烈的对主播个人的支持与追捧。主播更容易关注到经常送礼物的观众，有效的互动能让观众产生被重视的感觉。呈现形式方面，礼品和道具可以是不停地连发，一般都是在屏幕左侧中间不断地刷新连发礼品的次数。礼品的价值和存储量越高，占据的直播视频屏幕面积也就越多，时间的停留也就越长，如映客游艇、陌陌火箭等可以占据大半个视频屏幕，极大地满足了用户的存在感。

章末案例

一年净亏 30 亿元，
B 站 2020 年把钱"烧"在哪儿了

1. 公司简介

哔哩哔哩现为中国年轻世代高度聚集的文化社区和视频平台，该网站于 2009 年 6 月 26 日创建，被粉丝们亲切地称为"B 站"。经过十年多的发展，B站围绕用户、创作者和内容，构建了一个源源不断产生优质内容的生态系统。

2. 商业模式分析

第一，收获与挑战并存。B站营收数据显示，2020年B站总营业收入达120亿元，其中第四季度营业收入同比增长91%，达38.4亿元。总体来看，B站交出的2020年成绩单中，包括大会员和直播在内的增值服务、广告业务以及新开辟的电商业务均有了相当不错的收获，这得益于一年来B站对平台内容的持续完善。另外，盈利难题依旧困扰着这家年轻的视频平台，其"顶梁柱"游戏业务出现的些微衰颓迹象也值得关注。这催生了一系列疑问——实施破圈战略数年后，B站为何仍无法走出亏损泥潭？游戏板块荣光不再的当下，还有哪些业务能替B站讲好下一个十年的故事？在B站即将赴港二次上市之际，资本市场期待着它给出全新答案。观察本次财报可知，B站最重要的几项运营数据——月活用户、付费用户、视频播放量、用户使用时长等在第四季度均有较大幅度的增长。各项用户数据的增长，将B站的增值业务推向了高峰。财报显示，B站第四季度增值服务业务收入达12.5亿元，同比大幅上升118%，成功取代游戏业务成为B站第一大收入来源。

第二，B站把握对内容端的发力。在自身发家立业的动漫领域，B站正不断向下深耕，其中优质国创动漫尤为受重视。2020年，B站共推出106部国创作品，其中不乏《天官赐福》这样的破圈型爆款作品。B站公开数据显示，2020年国创付费内容订单同比增长了450%，增势可谓强劲。另外，B站2021年将推出33部动漫作品，此外，B站在剧集和自制综艺方面也有了不小的进步，对知识类创作者的大力扶持也是B站收获用户增长的诀窍之一。

第三，发展仍然可观。和大多数视频平台一样，亏损也是B站多年来逃不过的坎。2020年四季度，B站净亏损8.44亿元，亏损幅度同比扩大 117.9%，环比缩窄 23.3%；全年亏损 30.54 亿元，亏损幅度同比扩大 134.3%。可以看出，即使短期内的亏损幅度降低，但 B 站的亏损大势依旧难以逆转。至于 B 站为何迟迟无法盈利，其为了拓展业务而不断上调的营销费用是很关键的一点。财报显示，B 站四季度营销支出高达 10.2 亿元，同比增长 147.04%，占当季总开支的 55.24%；全年营销开支高达 34.9 亿元，同比增长 191.36%，占全年总开支的 58.38%。其次，广告内容的缺失也是 B 站商业化道路上抹不去的心病——当 B 站还是众多二次元爱好者心中那个"小破站"时，曾立下承诺永远不将贴片广告带入视频中，这让它的用户变现效率远低于爱奇艺等平台，甚至不如其 CEO 陈睿一直对标的 YouTube——财报数据显示，2020 年四季度，B 站广告业务收入虽增长 149% 达 7.2 亿元，但同期爱奇艺在线广告收入为 19 亿元，远超 B 站，YouTube 广告收入更是高达 68.9 亿美元（约合人民币 444.6 亿元）。雪上加霜的是，由于 B 站头牌 UP 主 LexBurner 近期对动漫《无职转生》评论引起侮辱女性争议发酵，悠珂思、视客眼镜网两家品牌已经宣布终止与 B 站的所有合作，苏菲官微也赶在年前取消了与 B 站"拜年纪"的合作，这无疑会使 B 站的品牌形象受到进一步的影响。另外，游戏业务面临的困境或许是 B 站最不愿提及的问题，但这也是其无法盈利的重点所在。

如今，被视作 B 站游戏新一代顶梁柱的《公主连结 Re：Dive》（以下简称《公主连结》），其收入水平甚至还不如已经上线数年的《FGO》——七麦数据显示，《FGO》近七日日均收入为 2.91 万美元，而《公主连结》近七日日均收入仅为 1.97 万美元。除了《公主连结》外，B 站也代理过其他大 IP 二次元游戏，如《魔法少女小圆》《魔法禁书目录》等，但它们的收入离《FGO》的差距更大，短期内绝无代替前者的可能。目前，B 站的游戏业务想象力并不太丰富，一方面，B 站可以继续向业内有潜力的公司注资，耐心等待下一个《FGO》的诞生，但资本市场和竞争对手会不会陪着 B 站一起等下去还是未知数。另一方面，B 站可以试着自制爆款手游，不过就B站目前自制的数款游戏来看,并未出现能够杀进APP Store和Google Play排行榜前列的爆款。另外,持续自制游戏也会加剧B站的亏损,起码在财务角度上这并不会受到投资人青睐。

第四,电商对于B站是一剂良药吗?为了弥补自身在商业化上的诸多不足,B站近年来也开始在直播电商领域试水。2020年6月初,有媒体报道称,B站正在征集有带货意向、有淘宝店的UP主,计划引导他们进行带货直播。这一动作引发了业界的广泛关注,也将沉寂已久的B站电商板块再度拉到了镁光灯前。自2018年起步至今,B站电商业务几乎和抖音、快手两家平台电商业务同龄。架构方面,B站的电商板块主要由主站会员购板块(以入驻商家为主)和淘宝自营店组成,虽然其占总营业收入比重不算太大,不过增长速度仍非常可观。从本次财报中可以看出,B站电商及其他业务已经达到7.4亿元,同比增长168%。与已经成型的抖音、快手的电商体系不同,B站会员购所售的商品目前仍是以ACG作品的各类周边为主,包括书籍、手办、模玩等。尽管某些商品的价格在外行人看来着实高得离谱(价格动辄成百上千),但它们有背后的IP(包括B站本身的IP,如小电视、2233等)作为支撑,也就有了溢价的底气。至少在肯为此掏腰包的老二次元们眼里,买下这些产品并没什么不妥。

3. 总结与启示

B站自身的特殊生态环境也呈现出了流量普惠的直播业态,基于这片沃土,B站会培育出怎样的电商业态?或许只有时间才能解答这一切。

(资料来源:笔者根据多方资料整理)

本章小结

本章首先讨论了 B 站这个平台的运营模式，包括平台的归类与定位、平台相关内容的分区和管理规则，以及对 UP 主创作内容的管理与审核。其次从技术角度探讨了创造爆款作品的方法，包括设立一个鲜明的人设、注意拍摄技巧以营造氛围美感、后期剪辑注重剪接和滤镜等。最后从普适的角度讨论了在互联网时代，流量变现的多种方式，详细讲述了每一种流量变现方式的定义与操作方法，以加深理解。

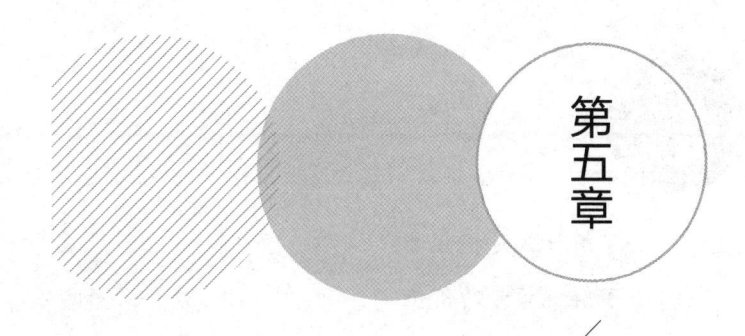

第五章 视频号——记录真实生活

短视频经过了几年的发展之后,微信终于也推出了属于自己的短视频平台:视频号。人们可以通过视频号来帮助他们记录以及分享真实的生活。

> 文字和视频等内容,存在的价值在于有人看到,也就是分享。
>
> ——腾讯副总裁、微信创始人　张小龙

学习要点

☆ 了解什么是视频号
☆ 了解视频号的价值
☆ 掌握视频号 IP 的打造策略
☆ 理解并运用视频号的商业变现

开章案例

视频号：开启短视频新纪元

提到短视频平台，很多人会在第一时间想到抖音与快手。在中国，抖音与快手确实是短视频中的头部平台，但是随着这两年的发展，一个短视频的新贵慢慢出现在了市场上，并且开始慢慢地抢占这两个头部平台的流量，它就是腾讯旗下的微信视频号。微信视频号的出现彻底改变了短视频两超多强的局面。

1. 公司简介

2020年1月22日，视频号正式在微信客户端开启进入接口，微信视频号对于腾讯来说是一个全新的平台，虽然其进入入口是基于微信客户端，但是其内容与框架与以往的都不同。用户可以通过视频号来了解他人和分享自己的生活。用户可以在视频号中对感兴趣的视频进行点赞以及评论等一系列操作，同时也可以将视频号中的视频转发给好友、群聊、朋友圈。不同于公众号等平台需要在微信中进行搜索定位，视频号的入口就在朋友圈的下方。在微信这一简约的工具中占据这样重要的位置，也显示出了腾讯对视频号的重视。

2. 私域流量对短视频的影响

现在没有什么人的生活可以彻底摆脱短视频，也没有人可以摆脱微信等社交软件。在这个大环境下，微信与短视频的结合开展了一个全新的纪元。对比抖音与快手这两个平台，也许用户可以在上面进行一定程度的社交，但是他们并不是真正意义上的社交平台。但是，在中国，没有一个平台的私域流量池可以与微信相比较。对比抖音、快手等短视频的公域流量平台，人们对于私域流量的信任感更强，同时其变现能力也就更强。也不同于微视，需要依靠微信生态的流量才能存活，自身的视频生产能力差，很难竞争过抖音、快手，视频号可以说是微信的亲儿子，拥有着仅次于朋友圈的位置和流量引导。

对比快手、抖音等短视频平台，视频号的流量分发方式与传统并不相同。视频号的推广方式更多的是将私域流量与相对公域流量池相结合，利用这种方式，视频号的用户可以迅速地将内容进行裂变传播。而这种传播，比抖音、快手更加公平。每个人在视频号所建立的全新生态圈中都有着同样的机会，同时因为私域流量的原因，每个人在开始都有一定的好友积累。所以，基于最大日活 APP 微信的闭环生态圈的视频号所能带来的价值，可能在未来的某一天会超越其他的短视频平台。

私域电商的崛起就是公域流量增长枯竭的产物，成为品牌方破解"饥渴症"的又一良方，它已从锦上添花的可选项成了零售企业不可或缺的必答题。

在私域流量中，信任程度同样也是要高于公域流量的。在短视频中如果进行推荐等价值推广，那么信任是必不可少的，其核心的底层逻辑就是信任。而信任的产生方式也非常简单，就是公开象限。当你与另一个人的公开象限越大,你们之间的信任程度就越高。比如一个人的情况,他平常喜欢什么、家是哪里的等,这些都可以称为公开象限——当你知道他很多信息后,就会对他产生一定的信任。如果你根本不了解一个人,何谈信任呢?

视频号通过社交链传播,给它带来了一个巨大的优势:信任优势。以关系为纽带,早期用户由于社交关系链,会对创作者有着较强的信任。这就解决了在短视频推广中最大的问题——初始信任问题。在之后的视频创作中,视频创作者再将最真实的一面展现给观众,这样就会让观看者感同身受。当信任体系彻底建立之后,视频号创作者就可以使用私域流量与相对公域流量进行一系列的带货以及广告插入了。

3. 腾讯生态与短视频生态的结合

不同于其他的平台,腾讯这个金牌大厂拥有其他短视频平台不具备的良好生态,其内部可以进行一个非常好的循环。其良好的生态可以为视频号的发展做到极其细致的保护。

首先,推广问题。移动社交软件是手机的基本软件,八成以上的用户移动社交软件的日使用时长超过一小时。而在移动社交软件上,腾讯旗下的QQ、微信以及微信企业版占据了绝大部分市场,这使腾讯产品的推广,有着其他平台完全没有的能力。借助移动社交软件的布局,微信视频号可以很好地进行推广。

其次,用户不需要下载另外的一个软件,因为微信视频号是直接植入人们平常使用的微信上面的。很多人在初次使用其他的短视频平台时,如果没有刷到自己感兴趣的视频,可能会将短视频平台卸载,而视频号不需要考虑这一问题。视频号的入口就在朋友圈的下方,当用户刷完朋友圈之后可能会习惯性地将视频号打开。这种方式可以帮助视频号拥有更高的留存率,也可以更好地对视频号中的短视频进行传播。

最后,腾讯拥有最全的互联网金融牌照,其支付体系经过近年的发展已经十分完善。用户可以通过微信钱包轻松地对短视频创作者进行打赏，而短视频创作者也可以很容易地从微信中提现。2020年年底，微信又正式上线了微信豆这一功能，此功能可以帮助用户购买微信内的虚拟物品以及道具。用户可以通过直接充值的方式对公众号、视频号以及附近的直播进行打赏。而对于一些其他的平台，如果未能成功拿下金融牌照，则在支付方面会受到一系列交易问题的影响，如果使用其他平台的支付方式则需要缴纳手续费等。而在视频号上根本没有这样的顾虑。

4. 总结与启示

从视频号中，我们已经可以窥出腾讯想要在短视频这个领域发展的决心，这是整个短视频圈子都不可忽视的。腾讯能为创作者带来的私域流量池以及完整的生态都是其他的短视频平台很难带来的，这样可以为视频号吸引到许多优质的短视频创作者，并形成一个十分良性的循环。通过以上几点，腾讯的生态系统帮助视频号提供出了一块十分肥沃的土壤，而视频号已经在这片土壤之中深深地扎下了根。相信不需要多久，视频号就会从各大短视频平台中脱颖而出，成为最闪耀的那颗星。

（资料来源：笔者根据多方资料整理）

第一节　视频号的价值

如果将视频进行剖析，我们会发现信息是其中的内核。在当今社会的各个领域中，我们都可以通过视频将所需表达的信息传递出去。例如在营销中，视频可以将要推销的产品的信息传递给消费者，消费者也可以在视频中筛选出所需要的有效信息，从而决定是否购买。而短视频可以将信息以一种更高效的方式传递给消费者。如果可以乘上短视频这一班顺风车，将会为商业带来不一样的价值。

一、视频号——短视频行业新巨头

目前，腾讯是我国最大体量的互联网通信公司，但是在新一轮的风口——短视频当中，却一直没有一个现象级别的应用。在短视频平台中，抖音与快手已稳稳占据了 90% 的市场。如果腾讯不能在短视频领域开发出一款能够吸收流量和市场份额的对标软件，就很容易在这场新的版图争夺中损失掉一定的价值。因此，腾讯并没有开发另一款 APP，而是选择基于微信这个平台推出了视频号。其一，微信通过这么多年的发展已经拥有了巨大的体量。其二，在传播途径上微信与抖音、快手等有着很大的不同，视频号不仅可以像抖音、快手一样通过公域进行传播，也可以在已有的社交圈子进行分享，即可以在私域流量中进行传播。其三，视频号还可以作为基于微信其他功能的一个延伸，创作者通过视频号可以关联公众号、朋友圈等一系列微信内置程序使微信的功能丰富度进一步提高。

视频号在创立之后就基本进入了飞速发展的模式，并且带动了许多爆款视频，像微博、贴吧、知乎、快手、抖音等一系列平台一样创造出了许多"网红"。这种制造热点的方式其实是殊途同归的。首先，这些产生爆红机会的工具是遵循着技术进步不断升级换代的。从最传统的文字传播方式、图片传播方式到之后的长视频，再到现在的短视频，人们从中想要获得的最本质的核心就是信息。人们渴望通过网络能够获取越来越多的信息，这些需求导致了信息媒体的不断升级。而乘着这些升级浪潮的网红们就获得了成功，就像雷军说过的：把猪放在台风口，猪都能上天。而到了 2020 年，私域流量概念以及短视频火爆，再加上智能互联网络、5G 高速网络技术，这些技术放在一起使人们需要一款全新的视频社交工具。而在抖音、快手已经占据了短视频的大部分用户后，人们为什么会选择视频号呢？

当对短视频行业进行一定的搜索之后，我们会发现抖音与快手的下载量、点击量以及日活量,均在行业内达到了"两超"的地步,即在量级上拥有其他短视频平台不可比拟的高度。抖音通过独特的算法吸引了海量的用户,而快手通过独特的宣发也将市场的流量进行了大规模的吸收。在抖音、快手如此的体量之下,此时进军短视频行业看似并不是一个非常明智的决定。但是,在这个时代,短视频行业对于每一家互联网企业都有着举足轻重的地位,这是这些年来最大的一个风口,如果不去争取,那么将会引起一些格局上的改变。

腾讯旗下的微信视频号与传统短视频平台有一些不同的地方,其依靠的不只是公域流量,其依靠着庞大的微信用户群体,将微信的生态圈进行了更新换代,在变现能力上远远超过传统的短视频平台。同时,腾讯在创作视频号的时候,不只是为了在短视频行业中抢占一席之地,同样也是为了完善腾讯自己的理念,通过视频号将人们的生活互相串联。不同于腾讯传统的公众号,个人用户也可以很方便地开通视频号,发布视频以及图片,对自己的生活进行分享。而企业用户则可以使用视频号链接其公众号,对自己的产品以及企业文化进行宣发。虽然传统的短视频平台也具备类似的功能,但是抖音与快手最大的弊病就是没有传统的社交平台作为支撑。作为中国最大的互联网社交平台,腾讯拥有别的互联网公司所不具备的优势。未来视频号一定会为短视频行业带来新一波的流量红利。

同样,在腾讯推出视频号之后,它对于整个腾讯旗下的生态都做出了一定的改变。我们不需要在各大应用商城直接下载视频号,而是借助微信这个媒介来打开,这一方式帮助视频号在微信的生态之中进行互动,如图5-1所示。目前,微信公众号的月活跃用户正在逐年下降。面对这种情况,要让微信保持原有的流量,就需要一个新的流量宣发渠道。同时,朋友圈只能在好友之间进行一定的信息传播,虽然有时候可以进行转发等一系列操作,但是对于公域流量池却很难进行大规模的宣发,而视频号的设计则可以解决这一痛点。

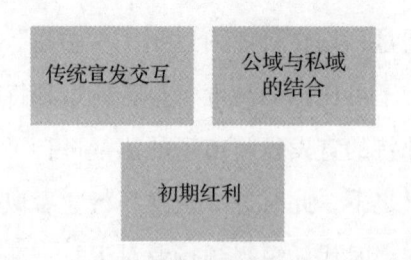

```
传统宣发交互    公域与私域
                 的结合

        初期红利
```

图 5-1　微信视频号在微信生态中的作用

第一，视频号的补充与分发属性。短视频领域体现出了腾讯的重视，视频号对外宣称的想法是：为每个用户创造展示自己的平台，人人都能创作。在微信的基础上，视频号可以对微信的功能进行一定的补充。同时，在这一基础上，产生的红利也将惠及个人以及企业用户，通过视频号，视频创作者可以直接将用户转化为更具价值的私域流量，提高流量转化效率和内容分发效率。

我们并不能陷入视频号只是在公众号的基础上增加了视频功能的误区。视频号是一个彻头彻尾的新事物，其与公众号有着相辅相成的作用，两者可以相互进行完善引流，并对另外一项功能进行一定的补充。与其他的短视频平台相比，腾讯的生态圈可以帮助短视频平台更好地发展。

第二，视频号是闭环私域流量。纵观现有的各大社交平台，如抖音、快手、微博、知乎等应用大多吸收的是公域流量，而在越来越多的平台入场之后，现有的市场已经被瓜分得十分严重。如果一款应用想要在当下的环境中脱颖而出，那么则需要跳出现有的思考模式。对于腾讯而言，其具有中国最大的私域流量池，而其视频号则将目光放到了这一领域。对于其他公域流量平台来说，如果要进行"吸粉"或是其他操作，都不会摆脱加微信这一操作，但是对于平台的规则来说这一点不一定会被允许。而在视频号上，其可以与公众号直接进行绑定，同时用户可以将视频分享至朋友圈、微信群，或是点对点地分享，这是短视频领域离微信私域流量最近的产品，使实现粉丝变现以及与粉丝产生高黏性的路径明显短了很多。虽然抖音也开放了支付功能，并且建立了完整的生态，包括电商、广告等领域都已经有所发展。但是和微信不同的是，在抖音上，创作者是无法运营自己的私人流量的，如建立群聊，即时发布通知都是实现不了的。若想长久深度地开发流量价值，建立在微信上的视频号会是更优的路径。

第三，微信推荐算法最重要的逻辑是去中心化。不像抖音与快手，人们很容易在主页中刷到一些高赞、高点击的短视频，几十个赞、几百个赞的视频很少能看到。这可能与视频内容有关系，但是很多时候主要的推荐位置都给了少数视频，在这种情况下，一些内容不错但是点击量低的视频、粉丝少的账号就很容易被大家错失掉，底部用户的价值就会被压榨，得不到很好的发展。但是，视频号的推荐逻辑与传统的短视频平台是完全不同的，其利用腾讯完善的生态结构，来利用私域流量进行传播。也许视频号的粉丝在开始时并没有很多，但是通过好友的点赞、评论，则可以像病毒一样进行裂变式的推荐，同时也可以在很多领域中进行精准推荐。视频号的推荐逻辑如图 5-2 所示。

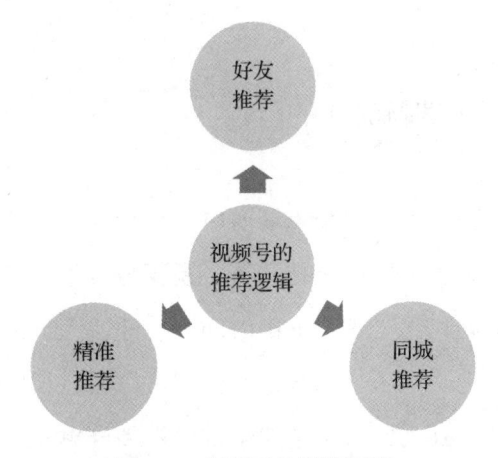

图 5-2　视频号的推荐逻辑

一是，好友推荐。在微信好友对视频号中的视频进行长时间的观看以及点赞之后，系统会根据大数据将同类视频进行分析以及推送。在微信的其他功能中我们也会看到类似的场景，当我们打开一个公众号的时候，公众号的主页中会出现"你有多少个好友同样关注了他",当你点开一篇文章之后,下面也会显示你好友的评论以及是否点赞。对于视频号而言,更多的还是一种闭环的私域流量加上一部分的公域流量,通过腾讯的生态环境将好友这一圈层关系进一步延伸。

二是,精准推荐。视频号在推荐方面也运用了一种类似抖音的精准算法,并且这个算法的底层逻辑是基于腾讯的整个生态环境。视频号不仅会根据视频号中的点赞、评论对内容进行精准分发,同时,当用户点赞或评论公众号的内容后,视频号会对内容进行一定分析,并进行人物画像,之后会将用户感兴趣的视频进行精准推荐。

三是,同城推荐。在使用微信时,系统会经过用户的同意调用位置权限。在得到权限之后,微信会将附近的人所进行的观看推送至附近用户的动态。这种模式,我们也可以在其他的短视频平台看到。越来越多的互联网公司已经注意到了同城推荐的价值,这种方式可以帮助创作者进行一些价值推广,更好地扩大流量基数,同时将线上与线下进行完美的结合。

二、视频号——一艘新时代的巨轮

视频号不只是腾讯为了迎合市场而单独推行的一个功能,而是在短视频时代用来补全腾讯生态圈的一把利器。视频号自带社交属性,用户通过短视频可以参与话题讨论,这会突破时间、空间、人群的限制,让参与线上活动变得简单有趣。对于个人来说,他们可以通过视频号以更多的形式展示自己并进行社交互动;对于企业来说,视频号更是一个立体的品牌宣传窗口。当然,视频号还有更多的商业价值等待我们去挖掘。

短视频的发布是没有什么门槛的,只要你拥有一部手机以及互联网,就可以将短视频进行上传。这与传统的媒体生产流程有很大的不同。目前,不少个人通过视频号实现了变现,如图 5-3 所示。

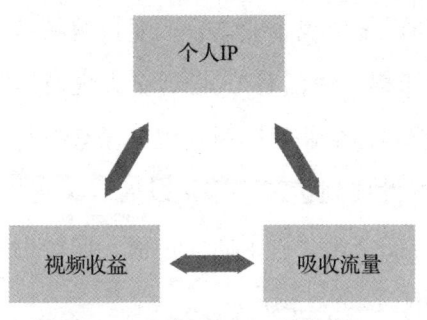

图 5-3　视频号对个人的价值

第一，个人 IP。当我们看到视频号的英文翻译"Channel"之后，就大概能够了解到视频号想要为用户带来什么了。用户可以将这个地方当作一个频道，对自己的生活进行一定的表达。视频号创作者可以通过这个平台将自己的生活，自己想要表达的东西对全世界人进行展示。你可以在视频号里全方位展现自己，如你的爱好、兴趣等。当形成个人 IP 之后，就可以通过个人 IP 变现。优质的个人 IP 甚至可以具有巨大的经济价值和社会价值。在现在的社会，一个好的 IP 所带来的价值已经很难进行估量了。而具备了个人品牌 IP 之后，对后续的发展有着非常大的帮助。

第二，吸收流量。在视频号中，每个人都有吸收流量的机会。当你创作出了一个高品质的短视频，或是在一个细分领域中的短视频时，很容易吸引别人的关注。同时，基于短视频的传播特性，当一个人对短视频点击了喜欢之后，短视频会同时推送给这个人的好友，根据社交属性进行筛选，一个人的好友很容易与其在同一领域产生兴趣。如果短视频注重一个细分领域，那么这个短视频很容易基于这个社交关系链条进行大规模的传播。通过这种方式，很容易对流量进行吸收。

第三，视频收益。用户可以在视频号里获得收益，这种收益包括物质和精神两个层面，如粉丝关注、金钱收益或者其他物质收益。同时，打造个人 IP 以及吸收流量之后，可进行变现的途径也会随之增多。

从以上的价值中我们不难发现，短视频的创立并不只是帮助个人创造财富，同时也可以与许多传统企业结合。通过视频号，传统企业可以将已有IP进行价值的再积累，使已有IP得到更大规模的宣传。同时，当传统企业的发展遇到瓶颈时，企业可以通过视频号来进行更大规模的传播。例如，格力在传统企业发展到达了一定量以后，其通过短视频进行了出圈。这种方式不仅帮助传统企业获得了商业价值，同时也用更少的推广费用将企业的文化进行了更广泛的宣扬。

专栏 5-1

丁香医生：你的随身医生

随着社会的迅速发展，越来越多的娱乐方式进入了我们的生活，人们的精神层面逐渐获得了满足。而在发展的同时，人们开始慢慢地注重养生了。但是，一些无良营销号为了获得关注，放出了许多并不正确的健康小贴士，人们为了筛选信息的真伪需要付出许多的精力。此时，丁香医生出现了。

1. 公司简介

丁香医生是丁香园旗下专门针对C端大众人群的健康问诊及科普资讯服务的品牌，主要产品包括专注在线问诊服务的丁香医生APP和小程序。其中，科普资讯、知识付费及电商的丁香医生微信公众号为主打的媒体矩阵（还有丁香妈妈、丁香健康等）。目前，丁香医生APP日用户咨询量已经过万，丁香医生微信公众号矩阵粉丝数已经超过2000万。

2. 医疗与短视频的强强结合

丁香医生新媒体专注于做有温度、有知识、有态度的优质大众健康内容，致力于让健康触手可及。目前，丁香医生新媒体已科普上千种疾病、症状，并且有真相板块，主要用于辟谣，揭露朋友圈以及互联网上疯狂传播的谣言。

在过去，丁香医生的推广主要是依靠微博以及公众号，但是这两个平台都有着各自的缺点。短视频出现之后，丁香医生的推广进入了一个短暂的高峰。丁香医生开始了"短视频+"的模式，如图5-4所示。

图5-4 丁香医生的"短视频+"模式

人们在短视频平台上会经常刷到丁香医生的科普以及辟谣的短视频。丁香医生的平台拥有超过五万名以上医生的专业团队，其制作的视频都用通俗易懂的语言让人们了解到许多医疗信息。并不像传统的医疗科普类视频，丁香医生与短视频平台进行了强强结合，将医疗与短视频融为一体。丁香医生推出的健康科普小剧场，需要不到一分钟的时间，使人们就可以通过短视频来了解到健康的生活方式。同时，对于生活中的一些健康误区，丁香医生也通过短视频的方式进行辟谣，而这是传统的公众号方式无法轻易做到的。

丁香医生在决定进行辟谣以及帮助维权时，我们可以清楚地看到丁香医生的价值驱动。对于这个团队而言，其坚信：做正确的事。而在短视频大火的时代，通过短视频进行其价值宣传可能也是最正确的事了。这一方式不仅帮助普通人解决了生活中最重要的需求，也帮助丁香医生获得了5亿美元的融资，使其在医疗健康领域发挥出了更强的力量。

3. 总结与启示

丁香医生的成功向我们展示出了短视频的包容性。不管是什么行业，只要可以解决人们的切身问题，满足人们的实际需求，那么短视频就可以与其进行完美的结合，达到"1+1>2"的效果。

(资料来源：笔者根据多方资料整理)

三、视频号的黄金营销法则

视频号的营销对于企业或是个人创作者来说,是十分重要的一环。视频号营销有五大法则,如图 5-5 所示。

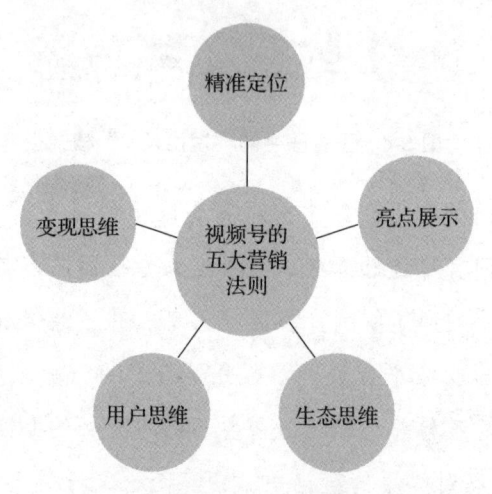

图 5-5 视频号的五大营销法则

在构建视频号时,创作者一定要清楚地认知自己视频号的定位。如果在开始的时候没有找到定位,那么在之后的运营中会步入很多误区。创作者一定要构建出自己的定位思维。定位思维就是根据自己视频号的定位,找到用户个性化、细分化的需求,最终触达真正属于自己的用户。

视频号定位就是做好账号细分,通俗地讲就是对粉丝精准定位。只有精准定位,才能够在产品推广时获得更多精准粉丝。大家要切记一点:一个账号只专注一个领域(垂直定位)。账号定位越精准、越垂直,粉丝就越精准。要想精准定位,我们通常从三个方面入手——你是谁、你的用户群体是谁、你能分享什么。

创作者在完成对视频号的定位之后,需要对视频号中的亮点进行展示。展示其实就是发掘自身的优点,从而推销自己,让粉丝认同自己、信任自己,更重要的是证明自己,让粉丝看到自己的与众不同。可以通过背景墙、简介、昵称、签名进行展示。创作者可以从账号ID、账号认证、简介等一系列方式完成对观看者的第一印象构建。之后在短视频的制作中建立自己独特的标签，这种方式可以使用户更好地了解这个视频号。

生态思维是指在运营视频号时，必须要了解微信的整个生态。由于视频号所处于的生态基本为私域流量，我们可以通过"个人微信+朋友圈+微信群+公众号+小程序"的方式，让你的个人价值最大化，进而结交更多的朋友，吸引更多的粉丝，让更多的人看到你的视频号。

基于视频号的生态思维，创作者必须同时考虑到视频号用户的用户思维。微信用户中超过一半的人关注了自己感兴趣的公众号，这表明大多数微信用户是通过微信公众号了解自己感兴趣的内容的。用户思维，即在微信公众号中以用户为主体进行信息传播、以线上和线下互动来增加用户黏性。这种思维能够帮助公众号创新发展模式，吸引更多的用户，从而实现盈利。对于视频号来说，这种思维也是适用的。

最后是视频号的商业变现。制作者可以借鉴传统的短视频变现方式，对视频号进行流量变现。同时，当短视频的内容进行有质量的创作之后，则可以进行内容变现。同时，创作者也可以与传统商业模式相结合，来进行视频号的复合变现。

第二节　视频号的IP打造策略

在这个短视频随处可见的时代，如何从众多的短视频创作者中脱颖而出，是每一个创作者需要关心的事情。在了解了短视频的营销法则之后，创作者在打造视频号时，同样需要了解视频号IP的打造策略。

前文已经提到过IP可以为视频号带来的价值，但可能还有很多创作者不了解怎么去构建自己独特的IP。在这个时代，IP存在的方式是各式各样的。创作者可以将视频号构建成一个IP，商品可以构建成一个IP，也可以将短视频中出现的人当作一个 IP。IP 营销的好处是可以通过重点的突出以及高黏性粉丝来进行大规模的宣传、关注以及转化。如果构建了一个好的 IP，那么创作者不仅可以获得更多高黏性的粉丝，也可以在未来有着更好的发展。

一、IP 定位法则

IP 定位法则，是通过打造标签的 IP 记忆点以及聚焦细分行业持续输出价值。这里的定位是指圈定目标群体，即要明确将面向什么样的人群、解决什么样的问题。这是策划、创作一个 IP 项目首先要解决的问题，也是树立 IP 项目在大众心目中形象和影响力的重要标准。

任何 IP，无论是一部作品还是一个人，当大众一提到时就能联想到超脱他自身以外的很多东西，这就是定位的作用。只有定位明晰、精准，才能给人留下深刻的印象。比如在今天的文化消费市场上，有一个人就不得不提——papi 酱，她是一个把商业和生活一体化、具有巨大商业价值的人，作为初代网红，俨然已成为短视频制作者的标杆、独特符号和最有价值的人物 IP。大众为什么会对她有这样高的评价？因为她发布的短视频，迎合了一部分人的心理、符合了一部分人的预期，她所做的视频不仅仅是让人发笑，同样也使一部分人在看完之后进行了思考。

同时，在定位之后，创作者需要为 IP 打上一个特有的标签。一个不能被人熟知、记忆以及认可的 IP，是不具备一定的商业价值的。一个 IP 只有具备其独特的属性，才能拥有一定的商业价值。

IP 的独特性表现在对新元素的运用、对市场规律的把握上，尤其是那些正在流行的、时尚的、主流的、经典的、经久不衰的，或根据内容提炼的独创性元素等。而打标签，就是一个很好的赋予 IP 独特属性的办法。

在短视频中我们会经常发现标签化的存在。当提起"Oh my god""买它买它买它！"，我们会很自然地联想到口红一哥李佳琦。当我们听到"集美貌与才华于一身的女人"，我们就会很自然地联想到 papi 酱。其实不仅仅是这种标签化的台词，省份地点、职业、相貌中特殊的地方，甚至是一个国家的文化，都可以被构建成标签。当视频号成功地建立标签之后，其在公众范围的影响就会变得更广更大，并且更加立体与鲜明。

其实标签化并非空穴来风，我们可以在传播选中发现其中的依据：人们并不会很好地记住内容，人们只能记住内容留下来的感觉。这一点在短视频中最大限度地展现了出来，在这个快节奏的社会中，人们很难对刷过的短视频留下很深的印象。但是，如果将所做的视频进行标签化处理，那么则可以在最短的时间给用户留下最深的印象。通过标签，创作者可以更简单、清晰地告诉观众你是谁，你想要表达的是什么。而制作的每一期视频都可以将标签打入观看者的脑海中，重复加深印象，达成最有效的方法。

当我们对视频号进行标签化后，视频号则需要更多地注重细分领域。当互联网在这个社会中完全普及后，人们获得信息的方式越来越多，但是无效信息同样充斥在人们的生活之中。因此，人们在得到信息的第一瞬间可能会质疑，并去确认消息的来源。由此，创作者需要注重于细分领域，当通过垂直化在一个细分领域中做到了一定的成果，人们在看到这个 IP 的时候就会下意识地去相信。因此，人们在关注这个领域的时候，就不再需要进行过多的质疑与确认，此种方式也帮助用户减少了筛选信息这一流程。所以，细分化构建 IP 可以在方便用户的同时增加流量的黏性，也增加了视频号的权威性。

由此可见，IP 在这个时代所带来的价值或许不是不可取代的，但是可能需要用上千倍的付出才能达到同样的效果。如果将 IP 成功构建，那么创作者不仅可以在视频号这一个领域完成价值的持续输出，同时也可以为创作者带来更广阔的前景。随着各种互联网红利的耗尽，营销成本在不断增长，流量已被大的平台垄断。在这种情况下，品牌急需要低价、精准地引流。而 IP 化运作符合绝大多数企业，以及个人品牌的期望值。

> 专栏 5-2

高顿教育：实体教育在互联网中的拓展

受 2020 年新冠肺炎疫情的影响，越来越多的学生将学习转到了网上，也有越来越多的上班族慢慢地接受了在网上工作的方式。网上教育慢慢成了一个热词，而在这个领域，高顿教育是一颗十分闪耀的星。

1. 企业简介

高顿教育成立于 2006 年，其业务方向主要为财经教育，为企业以及个人提供全套的知识产品以及教育服务。在发展中，高顿教育不仅在全国各地开展了许多的实体课堂，同时也在互联网上开启了新的篇章：高顿网校。其专注于财经网络教育，融合了上海财经大学百年教学辅导资源，拥有国内科学的网络教学体系。

根据调查显示，高顿教育的总部位于上海，分公司分布在华东各个省份。高顿教育在十多年的发展中已经积累了超过八百万名学生，同时帮助了百万以上的学生实现了财经职业梦想。高顿教育同时与国内外超 300 所高校进行了合作，并帮助数十万家企业进行财经类服务。

2. 垂直化发展对互联网教育的营销

随着"互联网 +5G"的快速发展，中国在线教育产业越来越精细，各领域在线教育产品和内容更集中。同时因为 2020 年疫情，更多的人愿意选择在网上进行深度的学习，在线教育行业在这种情况下面临着激烈的竞争。

在财经教育的这个板块中，高顿网校进行了精确的细分，ACCA、CFA、CPA、CMA、ICFE、证券从业资格、会计从业资格、注册税务师等专业考试的学习都可以在高顿进行。随着高顿的发展以及互联网教育的精细发展，高顿已经成为互联网教育中一颗闪耀的星。

同时，随着在线教育不断发展，想要从众多品牌崭露头角，不仅需要输出知识和服务，更重要的是对教育的初心。高顿教育凭借稳健发展的实力以及不断下沉发展的潜力，成为行业内不可小觑的力量。同时，作为在线教育的头部企业，高顿教育持续注重社会以及学院的反馈，对自身进行不断的更新。金融在中国的发展是十分迅速的，而高顿可以在这迅猛的发展之中对自己的定位进行持续的更新，在垂直化细分中做到不断地延展。用户可以在高顿中找到自己需要的东西，这也是高顿能够在十几年中得到持续发展的一个不可忽视的原因。

3. 总结与启示

高顿教育抓住互联网教育精细化发展的趋势，推出了多种多样的在线教学功能，从高顿网校在互联网上推出之后，人们可以选择在网上进行更为方便的学习。高顿教育在根本上解决了用户的痛点，将实体教育与互联网教育相结合，不仅使自身产品得到了更好的推广、搭上了发展的"顺风车"，同时也帮助更多的人满足了自身的需求。

（资料来源：笔者根据多方资料整理）

二、IP 营销策略

2013 年以来，营销领域开始逐渐脱离传统运营模式，呈现出全新的面貌，迄今为止，该领域主要经历了以下三次变革。

第一阶段为 2013 年之前，多数企业采用渠道广告进行营销推广；进入 2013 年后，越来越多的广告公司聚焦于内容生产及运营，传统渠道广告的价值逐渐降低。

第二阶段为 2014 年，商业定制内容开始受到重视，并被越来越多的企业采用。

第三阶段为 2015 年，以内容运营为中心的营销推广方式逐渐发展完善，但多元化的渠道使用户的注意力趋于分散，企业为进行品牌营销，会通过制定媒介方案来支撑品牌内容的推广，进而扩大品牌的覆盖面。

2015 年之后，越来越多的行业开始注重 IP 的开发与运营。在营销过程中运用 IP 元素进行品牌推广的企业有很多，但绝大多数企业只是对原有 IP 元素的简单套用，并未实现品牌与 IP 元素之间的深度融合。《乐高大电影》则不同，在这部作品中，乐高实现了对 IP 元素价值的充分挖掘，并通过内容创作，添加了自己的元素，能够将原有 IP 的角色形象为己所用。这种方式帮助企业获取了更多的话语权，用户与创作人建立了强信任关系，有效提升了个人 IP 的价值。

从本质上来说，开展 IP 营销，一方面需要通过不断为目标群体提供优质内容，来赋予 IP 更高的势能；另一方面则要充分发挥 IP 的影响力，和目标群体建立成本更低、效率更高、更为精准的连接通道。而在打造 IP 时，则需要贯彻落实定位、互动、流转三个步骤，如图 5-6 所示。

定位 ➡ 互动 ➡ 流转

图 5-6　打造 IP 的三个步骤

2021 年，我国的各种生态越发完善，各类社交媒体不断涌现，为人与人、人与商品或服务等提供了新的连接交互路径。当创作者可以落实以上三点 IP 打造步骤之后，则可以利用 IP 来创造出更大的价值。

专栏 5-3

秋叶 PPT：30s 学会制作 PPT

一个好的 PPT 可以帮助一个项目进行很好的宣传。即使是一个 80 分的项目，通过一个 120 分的 PPT 也可以吸引到投资人的注意。但是，对于很多人来说，PPT 只是将图片与文字插入了软件之中，却并没有将最深层的东西通过技术性手段进行展示。同时，对于一些大学生以及初入职场的"小白"来说，做 PPT 也是一个大难题。而秋叶 PPT 则帮助许多人解决了这个问题。

1. 公司简介

秋叶PPT这个账号是由武汉幻方科技公司创立的，其背景为在线教育内容提供商。其致力于打造Office和职场系列在线课程，通过提供软件技巧、职场技能等知识，帮助更多的大学生顺利适应职场，让更多职场人提升职场技能，从而高效率、高质量地完成工作。

2. 秋叶PPT的营销策略

对于秋叶PPT这个新媒体账号，其推出的作品主要是为了解决人们在PPT制作技能方面的短缺。通常秋叶PPT会发布一系列的短视频来进行营销，而秋叶PPT所创作的短视频爆火的原因多是内容和简洁两点，如图5-7所示。

图 5-7　秋叶PPT的构成

（1）内容。秋叶PPT所创作的短视频，其内容上多是充满干货的。人们可以在短视频的封面看出这个短视频所教的究竟是什么技术，通过学习之后可以满足什么样的需求，如"用PPT30s就能做！小米发布会烟雾特效""30s搞定PPT大段文字排版""甲方最爱的高级感PPT封面"等。通过这些标题，秋叶PPT吸引了许多观看者。同时，秋叶PPT也不是一个标题党，在其制作的短视频中对于技巧进行了手把手的教学，观众在看完短视频后可以进行一系列的实操，这种方式很好地帮助了对办公软件并不熟悉的"小白"。

（2）简洁。对于秋叶PPT的创作来说，简洁也是其十分重要的一个属性。通过观察其视频号的作品，其标题通常带有"1s""30s""一键"等字样。观众在看到标题后通常会有一种心理暗示：这么快就能办到，一定很简单。通过这样的标题以及精简的内容，想要通过短视频进行学习的人会认为其学习成本十分低，进去听一听就能学会，反正只要很少的时间，这种方式帮助秋叶PPT获得了大量的点击率。极短时间就能进行了一项新技能的学习，也使秋叶PPT的留存率十分高。简洁这一点，帮助秋叶PPT获得了许多的粉丝。

3. 总结与启示

秋叶PPT通过自身的内容打造出了一个十分火热的IP，其成功也为各个创作者提供了一个借鉴。如果创作内容独特，那就一定具有核心竞争力，可以使产品在同类创作中脱颖而出。

三、IP商业时代

随着时代的迈进，传统的广告投放模式以及运营方式在2021年可能并不像前些年那样无往不利。如果一个企业的运营与推广不能获取有效的流量，那么这个运营方式可能不是最优选。在这个时代，如果企业与个人可以充分地发挥好IP这一利剑，那么将会在发展上开辟出一条康庄大道。通过IP的商业模式，使用者不仅可以获得既得利益，同时也可以获得许多隐形收益，以及长期发展的想象力。

在我国全面进入互联网社会之后，IP的价值被全方位地释放了出来。起初，IP这个名词只是为了对人们的知识产权以及研究成果进行保护而产生出的名词，但是在现如今的互联网社会，人们对IP这个词进行了更多的赋值，人们不能像过去那样只考虑IP的外在含义，而是需要结合背景来考虑其内在的赋值。

当成功的构建一个IP之后，其所带来的价值一定不仅仅是其本身，它同样可以与其他的领域相结合，并产生一定的衍化，如小说、音乐、视频、游戏、动漫、手机、电视、VR设备甚至体育。这样一来，IP的价值则得到了几何倍数的增长，如图5-8所示。

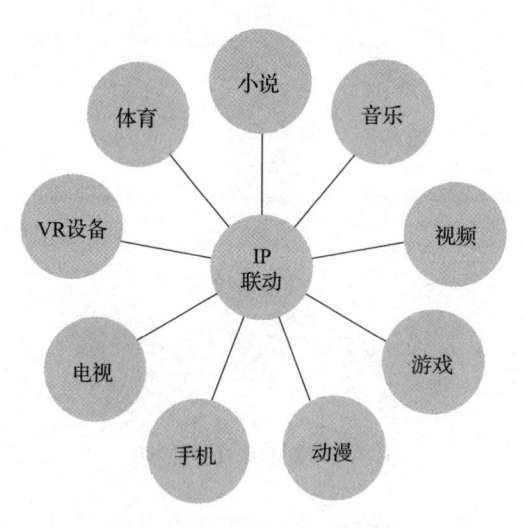

图 5-8　IP 可进行的联动方式

纵观各大 IP，其虽然本身是具有价值的，但如果想单纯地靠自身的价值去实现赢利，则很可能只是昙花一现。如果想要依靠 IP 进行持续赢利，创作者一定要从多维度对 IP 深层次的价值进行挖掘，让一个单一的 IP 具有可扩张的能力，只有这样才能将 IP 最深处的价值挖掘出来。IP 的商业价值构成则是由价值再造与价值衍生共同构成的。

> 专栏 5-4

李佳琦：短视频带货的新模式

无论是不是美妆界或者直播界的人，可能都会对李佳琦这个名字感到熟悉。但在 2016 年以前，没有一个人对其有印象。是如何将李佳琦这个 IP 在短短的几年内给塑造起来的呢？

1. 个人 IP 定位打造

很多人都觉得李佳琦这个 IP 的成功只是运气，其实事实并非如此，分析后会发现，李佳琦这个 IP 成功一定是必然的。李佳琦这个 IP 的构建运用了以下三种模式，并且这三种模式之间构成了一种完美的连接，如

图 5-9 所示。

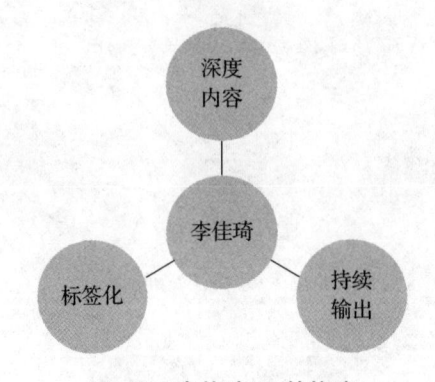

图 5-9　李佳琦 IP 的构建

在构建 IP 的时候，如果创作者没有在所处的领域内有强大的专业能力，那么在后期推广的时候一定不会有很好的效果。开始在欧莱雅当"柜哥"的日子帮助了李佳琦很多，帮助他积累了许多美妆知识，为之后构建个人 IP 时打了良好的基础。同时，美妆类领域与一些其他领域不同，在个人 IP 进行带货的时候，消费者所购买的都是要用在自己身体上的。如果创作者不能很好地回答观众的问题，就会很容易导致粉丝的流失。同时，如果推荐的东西对于观众不受用，粉丝们的热度就会逐渐变低。对此，李佳琦不仅对粉丝进行了语言上的解答，同时也将自己所推荐的美妆类产品先在自己身上与小助手身上进行了试用。同时，由于李佳琦对于这个 IP 的推广方式在开始使用的是直播的形式，所以持续性就是非常重要的了。对于直播这种推广方式，如果创建者不进行维护，则会导致许多非核心粉丝的流失。而李佳琦在 2017 年没有请过一次假，即使身体抱恙，仍然熬夜为需要展示的材料进行了准备，并坚持了第二天的直播。当一个创作者可以持续输出高质量的内容时，IP 就很容易被创造出来了。

同时，除了内容的深度与对内容的持续输出，李佳琦同样在创建 IP 时使用了标签化的方法。许多人在谈到李佳琦的时候都会瞬间联想到他那夸张的"Oh my god"与"买它买它买它！"这种洗脑式的风格也成了李佳琦独树一帜的标签。而一个 IP 在众多 IP 中脱颖而出的方法就是打造出一个独特的标签记忆点。也许观众们在直播之后并不能完完全全地记得李佳琦在直播的时候卖了什么，但是对于他这种洗脑式的言论，则一定记得清清楚楚，这种方式帮助李佳琦这个 IP 获得了更多的粉丝。

2. 总结与启示

在李佳琦这个 IP 塑造成功的背后，有着许许多多值得新的创作需要学习的地方。当一个 IP 可以进行持续的并且有深度的内容输出时，其就会吸引许多领域内的人的关注，这样可以为 IP 的推广积累了许多的粉丝与流量。同时，如果在个人 IP 建立时能够打造一个别具一格的标签 IP 记忆点，那么在别人讨论其这个话题的时候就很容易的会联想到这个 IP 上。如果能够合理地达到以上的几点，那么一定可以塑造出一个成功的 IP。

（资料来源：笔者根据多方资料整理）

第三节　视频号商业变现

一、视频号流量变现

在互联网行业中，随时随地都会诞生新的变现方式，特别是当互联网与其他行业结合时，会迅速诞生一批新兴的、前所未见的产品，这些产品的变现方式也是千变万化的。虽然，新的产品和新的变现方式已经令我们眼花缭乱，但是，到目前为止，无论是线上变现还是线下变现，都离不开流量。

变现依赖于流量，因此，无论变现方式如何变化，都不会超出用户、个人魅力、内容和数据这四大基本类型，如图 5-10 所示。换句话说，任何变现主体都必须具备用户、个人魅力、内容和数据中的一两个特点，这样才能实现流量变现。

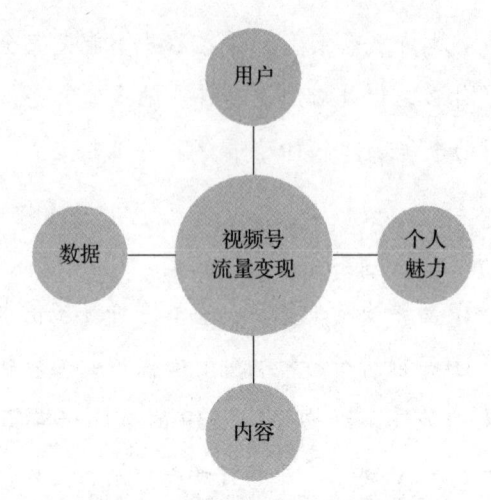

图 5-10　视频号流量变现的方式

对于用户来说，这应该是最基础的流量变现形式。一个视频号关注的用户数量，很多时候可以在最大程度上展现出这个账户的流量基数。这个时代是飞速发展的，如果创作者没有很强的适应能力随着市场的变化进行调整，以应对全新的关注人群以及市场环境，那么所能够吸引的流量一定是有限的。同时，不管使用哪种变现手段，其最依赖的还是用户。

很多创作者都采用了基于用户的流量变现模式，依靠着用户，也能卖产品、打广告，把自己的流量变现。对于商家来说，依靠用户变现的核心关键只有两个：拉新和留存。

对任何行业来说，拉新和留存的关键环节都是相同的，即根据产品确定目标用户群体，并制定相应的营销策略。只有抓好拉新和留存，增加用户数量、提升转化率，才能做好基于用户的流量变现。

在媒体异常发达的今天，个人魅力变现并不是一件新鲜事，很多明星和网红都利用自己的个人魅力和影响力推出了自己的个人品牌，这也是本书第四章提到的 IP 的重要性。

对于最后的数据变现，我们需要了解什么是数据。百度百科给出的定义是这样的："大数据（Big Data）是指无法在一定时间范围内用常规软件工具进行捕捉、管理和处理的数据集合，是需要新处理模式才能具有更强的决策力、洞察发现力和流程优化能力的海量、高增长率和多样化的信息资产。"大数据可以帮助企业优化生产、营销、管理等各项流程，还可以帮助企业管理层提升决策能力。但是，大数据需要我们去捕捉、收集和处理后才能使用。大数据在商业营销中可以起到非常重要的作用，它可以帮助企业形成用户画像，让企业能掌握目标用户的消费习惯、行为偏好、基本特征等信息。字节跳动在这一方面可能是目前做得最好的一家企业，在经过独特的算法分析之后，创作者可以很好地了解到观看者的画像，从而使其创作以及推广有更好的针对性。

时代的发展是飞速的，也许我们可以发现许多别的流量变现的方式，但是这四种方式在经过不断验证之后，发现是最基本、最有效的流量变现模式，而且，市面上现有的各种变现方法几乎都脱胎于这四大模式。当创作者将这四大类流量变现模式了解透彻之后，可以发展出最适合自己的一种变现模式。

专栏 5-5

联想——视频号中获得新的机遇

20 世纪 80 年代，IT 行业的浪潮开始席卷我国的大江南北。自中关村建立开始，越来越多的信息技术研究所在中国建立了起来，我国的信息技术产业也如乘风一般越走越远。联想集团有限公司（以下简称联想）正是在那时候创建起来的企业，随着这几十年的沉淀，成为了其中最闪亮的一颗星。在中国的 PC 制造业，很少有企业可以达到像联想这样的规模，但是随着其他品牌的发展，联想的影响力变得没有当时那么大了。如何传播品牌文化以及改变世人对品牌的看法，成了联想的重中之重。而短视频，则成了联想的一个最好解决方案。

1. 公司简介

联想是一家中国创办的业务遍布世界各地的科技公司，于 1989 年正式更名为"北京联想计算机集团公司"。联想的主要业务为研发生产与销售科技产品，如电脑、服务器、手机、平板和其他一系列与数码有关的产品。联想坚持着开发、制造、销售让消费者信赖，并且安全、简便的技术产品，并为了帮助客户提高生产力与生活品质不断地研究与创新。

2. 传统企业与视频号的强强结合

以前，人们对联想的产品有着非常好的印象。但是，随着科技的进步，人们渐渐发现联想很多时候像是一个"代工厂"。这个代号跟随了联想非常长的时间，以至于联想在进行技术突破以及转型之后，人们对其的印象仍旧停留在那个标签上，这对一家传统企业的发展有十分不好的影响，联想在多次宣传以及创新后仍未达到自己想要的效果。此时，国内的短视频行业十分火热，而联想却并未能在第一时间内搭上这一"顺风车"。但是，在持续的影响下，联想在抖音以及微信视频号上分别开通了账户，并发布了一系列视频。

通过与短视频的强强结合，帮助联想逐渐走出了以前的认知，并吸引了更多的客户。首先，联想通过短视频聚集了许多流量。在短视频平台上，联想逐渐地培养了自己的粉丝群，这类人群并不是以前就用联想的客户，更多是以前对联想不熟悉的、具有活力的年轻客户。同时，在短视频平台的运营也改变了人们对联想的固有认知，同时也给粉丝构建了一个新的印象。

短视频这一模式也帮助联想进行了更好的宣传。联想在正式开通视频号后，发布了"我们都是开局人""心想念，爱相联"等短视频，并获得了很多的点赞和转发，这帮助联想获得了社会上的更多关注。在短视频中，联想并未单单地对产品做广告，而是通过短视频的方式使更多的人产生了共鸣。相比传统广告，短视频这种方式帮助联想使用更小的宣传费用获得了更多的流量。人们不仅在这些短片中了解了联想的产品，用户群体更多的是了解了联想这个品牌的文化。这种营销方式使用户对品牌有了更好的正面认知，并使用户与企业建立了强信任关系。

3. 总结与启示

联想与视频号的强强联合，展现出了短视频营销对传统企业的重要性，这种方式在新时代的重要性是不言而喻的。如果传统企业想要摆脱人们对其根深蒂固的认知，或是想用更少的投资获取更高的回报，那么在当下，短视频营销一定是一个非常好的方式。

（资料来源：笔者根据多方资料整理）

二、视频号内容变现

视频号的内容变现可以分为知识付费变现、服务变现、社群变现和打赏变现，如图 5-11 所示。

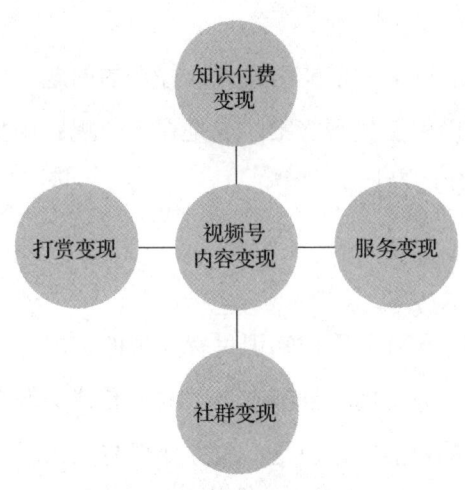

图 5-11 视频号内容变现的方式

1. 知识付费变现

如果你的视频号在塑造人设，内容是讲垂直领域的知识，那么通过知识付费变现是最佳的渠道。

因为视频号可以带微信公众号链接，所以你完全可以在微信公众号中写好知识付费产品，它可以是课程类产品的推广软文，也可以是一篇付费的公众号文章，你可以把它附在每条视频的下方，每次发布视频都是一次推广。

同时，如果你的目的是通过这种方式来进行变现，那么创作者应该减少其他类型的推广，而注重于知识方面的内容，而且足够吸引人，这样才能够往公众号引流。在创作时需要注意以下几点：简单易懂、形象生动、设置悬念。如果视频内容很晦涩，那么大概没有人能耐心地看完，而会立刻滑走，这就意味着你的引流无效。

与图文相比，视频的优势之一就是动态展示。以前你可能通过"文字+图片"来表达一个操作步骤，但是现在你只需几秒钟的演示就可以了。所以，如果你用视频讲知识，只是单纯地把文字对着镜头说出来，那么真的不如让观众看文字。你要运用好视频的动态特性，让知识更形象、更生动地展示在观众面前。

同时，在视频最后留一个能引发观众好奇的问题，并提示在视频下方的公众号文章的链接中能找到答案，或是在下个视频中揭晓谜底，这样就可以更好地增加粉丝的黏性。

2. 服务变现

服务变现很多时候可以看作知识付费变现的扩展，其也是内容变现的一个种类。一般的服务变现账号都有自己的一套特殊服务，通过视频的形式来对服务进行一系列推广。但是，服务变现与知识付费变现在一点上有着最根本的不同，那就是知识付费变现很多时候会通过短视频将知识进行传播，而服务变现使用短视频的目的则更多的是对自己的服务进行展示与推广。服务变现需要拥有一定的专业技能，且类型相对知识付费变现更广。如最近很火的罗翔，你可以通过他的视频学习一定的法律知识，但是如果遇到法律问题的时候还是需要去进行法律咨询等服务。服务变现很多时候需要与传统行业有所联系。

3. 社群变现

社群变现是通过将既有粉丝引流至私域社交工具中。但是，现在很多短视频平台都有着自己的规则，如果私自引流则会受到警告。而对于视频号来说，这一点就不用担心了，背靠着中国最大的即时社交平台以及腾讯的生态体系，将粉丝吸引至微信群或公众号后，创作者可以更好地提供付费咨询、付费课程，或提供月费会员、年费会员等付费方式，通过建设一系列规章制度来满足用户的需求以及自己的变现需求。具体的付费技能是针对用户需要学习的某种技能、方法和诀窍，创作者专门录制视频进行销售。这种技术没有及时性和局限性，只要有新用户进入社群，就可以进行持续销售。视频号的出现，让每一个拥有自身优势的创作者，通过多种形式实现人生价值，收获财富。短视频知识的变现也可以通过线下付费讲座、一对一咨询等方式实现，只要创作者可以真正提供有价值的知识和见解，就会产生相互信任，基于社群的变现模式就能成功。

4. 打赏变现

打赏指的就是读者或者粉丝用网络虚拟商品，对你创作的内容进行奖励的一种行为，在这个过程中需要付费，当然，这是基于自愿的。粉丝们可以用现金在平台上购买虚拟礼物和虚拟币，然后再送给自己喜欢的网红。微信在前不久上线了微信豆功能，用户可以通过微信豆来对自己喜欢的内容进行打赏，同时也可以直接使用微信零钱进行打赏。网红通过与平台分成，就可以实现打赏变现了。

打赏在直播行业是比较常见的，但是在短视频领域比较少见。2017年，火山小视频推出了短视频打赏功能，希望以此激励视频创作者制作出更加优质的短视频。

三、视频号复合变现

复合变现是指与多种传统商业模式相结合，发挥出"1+1>2"的模式。这些传统的商业模式并未有很多的问题，但是在很多时候，流量变现的效率并没有复合变现这一方式高。对于视频号而言，通过腾讯这一完善的生态模式，可以很好地开发其私域流量池，通过这个时代最火爆的短视频与私域流量进行相辅相成的传播。创作者就可以通过直播带货、探店、游戏推广、产品测评、品牌合作等方式来达到持续盈利的目的，如图5-12所示。复合变现很多时候都是利用视频号的优势，来对传统商业模式进行补充与结合。

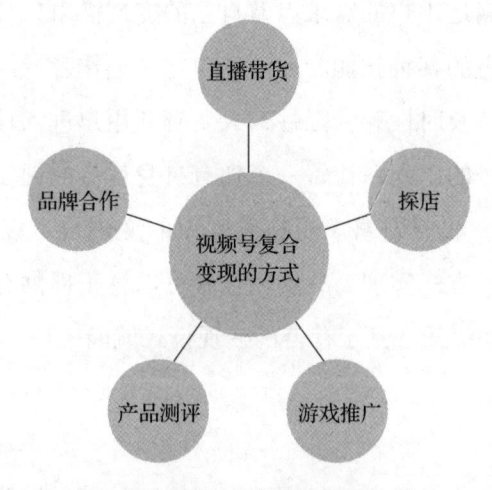

图 5-12 视频号复合变现的方式

1. 直播带货

相对于其他平台，视频号不仅有公域流量，还有私域流量，而且可以触及高收入群体。最重要的是，只要把短视频、公众号、直播、小商店运用得当，每个人都能通过视频号带货来变现。

这个"货"既可以是商品，也可以是服务，既可以是实物商品和虚拟商品，也可以是线上服务和线下服务。例如，既可以卖水果、卖书，也可以卖软件、卖会员服务；既可以卖咨询服务、设计服务，也可以卖美发服务、旅游服务等。

同时，如果视频的流量不错，那么除了等广告主找上门，还可以主动出击，通过佣金变现。佣金变现是指在小商店里上架京东或拼多多上有佣金的商品，如果有人通过你的小商店购买了该商品，你就会获得相应的佣金。这种带货方式虽然不及你在打造某个领域的影响力后再变现的转化率高，但因为你的视频号的流量大，所以即便转化率低也会有一定的收益。这也是直播带货的一种转变形式。

2. 探店

当视频号拥有了一定的规模之后，创作者可以去寻找同领域的线下店铺进行合作，通过短视频的方式来对线下店铺进行推广，这就是探店。店铺希望通过这种方式来进行推广，扩大知名度，从而增加店铺的影响力以及规模，而视频创作者亦可以通过同类型店铺的推广来增加自己视频的流量，同时获得商家的推广费用。

但是，在使用探店这一变现方式时，短视频创作者需要注意一些雷区。如果只是为了推广费用而草草制作出一期探店视频，那么很有可能会引起一部分粉丝的反感。视频制作者需要明白，粉丝才是一切的根基，不能为了短暂的利益而放弃更长远的发展。同时，如果发布跟自己领域不相关的探店视频，那么视频号的关注者很可能会质疑其专业性与真实性。目前，越来越多的创作者选择了这一方式，如果创作出的视频没有一定的新意，那么也不会被消费者认可。只有创作出的视频拥有一定的质量，才能在这个领域的竞争中脱颖而出，同时吸引更多线下店铺的关注。

3. 游戏推广

根据调查，短视频观看的用户结构的主体年龄段为 20～39 岁，占比近六成。而这一主题年龄段同样也是游戏行业的主体年龄段，游戏类型的短视频也是短视频行业中的一个热门类型。同时，在近些年游戏行业的推广力度也越来越大，游戏厂商想要通过各种方式来提高自己旗下游戏的影响程度，所以将短视频与游戏这两个行业相结合是拥有十分光明的前景的。许多的游戏厂商也愿意选择用短视频这种方式来对游戏进行推广，通过这种方式，视频制作者可以获得游戏厂商的推广佣金。

如果需要通过游戏推广这种方式来变现，视频制作者需要注意以下几点：一是游戏的正规性。现在有一些博彩公司通过游戏这一外壳来"挂羊皮卖狗肉"，如果视频制作者不对游戏内容进行审核，将会造成十分严重的后果。二是游戏推广内容是否属实。很多游戏打着注册即送×××来对游戏进行推广，但是当玩家注册之后才发现所推广内容并不属实，这种情况会导致玩家对视频号创作者丧失信心，同时质疑其他视频的真实性。在做此类推广时，视频创作者最好先对游戏进行一定的了解，这样所创作出来的视频，才可以将游戏的亮点进行展示，同时获得更高的收益。

4. 产品评测

在将视频号的方向定位之后，很多时候账号都会专注于一个垂直内容领域。当提到某个垂直内容领域时，不管是用户还是广告主，如果第一个想起的就是你的内容，此时利用产品评测这一渠道进行变现就有着非常好的效果。

如果前期对视频号的运营做得比较好，能让观众了解到创作者的专业性，那么在评测这一环节观众则不会产生质疑。此方式在很多时候也与带货这一方式产生了一定的重合，但这一方式很多时候赚取的是产品推广的佣金。

5. 品牌合作

当视频号做到一定规模之后，创作者可以选择与其他品牌进行一定的合作，这种变现方式的收益在很多时候需要看视频号的粉丝体量。如果两者的粉丝体量差不多，那么品牌合作更多是为了进行相互之间的推广，扩大粉丝群体。如果是一个较小品牌与之合作，那么创作者更多的时候可以得到推广费这一收益；如果一个大品牌选择与视频号进行合作，那么创作者则可以获得更多客户的信赖，吸引更多的粉丝，这一方式可以使视频号的发展拥有更多的前景。

章末案例

视频号：在红海中探寻出新的道路

2020年对于人们来说可能是十分沉重的一年，新冠肺炎疫情的暴发改变了世界各地人们的日常生活。为了抗击疫情，人们大多选择了不在公共场合进行聚集，这种情况导致许多实体行业在疫情期间受到了很大的冲击，如餐饮、电影、旅游等。同时，人们的社交距离也因防疫措施变得更远了。

但是对比传统行业的惨状，有一些互联网行业在疫情期间有了迅速发展，许多人也开始转行进入这些行业。在这些行业中，短视频可能是人们最熟知的一个行业了。2020年9月15日，抖音在上海举办第二届创作者大会，发布了最新的创作者扶持计划，未来一年将投入价值100亿元的流量，帮助创作者在抖音创收800亿元。许多企业将视角转到了短视频行业，短视频行业的发展已经成了一种趋势，无论是对于个人还是对于企业来说，都应顺应甚至推动这个趋势的发展。

1. 短视频的效益

短视频这个行业的兴起不能摆脱其两个特殊的性质：高效性与经济性。传统的视频行业，人们需要投入非常多的精力和投资才能制作出一部引人注意的视频。而短视频并没有这么多的限制，只要你能够拥有一台智能手机，就可以很轻松地进行短视频的创作了。相比于传统视频，短视频有着更高的效益。短视频的特殊性如图5-13所示。

高效性 ➕ 经济性 ＝ 短视频的性质

图 5-13　短视频的特殊性

（1）高效性。即相较于图文信息，能在更短的时间内将信息有效地展示给接收者。短视频行业已经成为趋势，要想在这个趋势中得到一波红利，我们先要了解一下视频的本质。前文我们已过谈到，视频的本质就是信息。在商业领域中，企业可以将商品的信息通过视频的方式传递给消费者，消费者根据接收的信息做出自己的消费决策。

在信息化条件如此发达的今天，我们可以通过很多种方式来展示信息，除了视频，还有文字、图片和音频等。但文字、图片这一类的信息展示形式，比较适合于一些偏标准化商品的简单信息传导，而这些商品只要在正规的渠道进行购买，获得的商品质量就不会有太大的差别。因此对于这些商品，消费者只需根据这些图片、文字信息就能快速做出自己的消费决策。而对于一些消费者很难快速做出消费决策的商品来说，视频可以帮很大的忙。例如，消费者在进行3C类产品消费时，都会因为科技的更新换代过快而不知道应如何进行选择。厂家在销售时都会给出许多高大上的配置信息，但是用户却并不能根据这些信息来得到真正的使用体验。而3C类产品的消费动辄几千元，消费者并不能随便试错。这时视频就可以帮助他们很多的忙，一些3C类短视频可以将这些产品的真实使用效果以视频的方式进行介绍，同时以通俗的语言来介绍这些高大上配置的真正意思，并根据不同消费者的需求提出一定的建议。而消费者也可以根据这样的测评来对自己感兴趣的3C产品进行选购。这种方式可以帮助消费者选择自己真正需要的产品，避免花冤枉钱。

（2）经济性。即视频对于其他信息传播方式来说更加"便宜"。现今，如果想要向朋友描述身边的景色，通常只需要用视频记录下景色，再分享就可以了，朋友可以通过观看录制的视频真切地感受到景色的美丽。要获得同样的效果，使用文字、图片来传递信息就很难。若是使用文字，普通人通常就是用好看、漂亮、壮观等一系列词汇来向朋友描述景色，要想让朋友可以获得同样的体验，就要求分享者有一定的文学功底。就比如一条小溪，我们通常会用清澈、清新来形容，如此形容我们的脑海里只能浮现一条普通的小溪，并没有什么特别的；但是如果用"明月松间照，清泉石上流"来形容，我们的脑海里就能浮现在静谧的月光下，林间清澈的泉水在石头上淙淙流过的景象，让人感觉如临其境。一个普通人想要具备这样深厚的文化功底，就需要长时间的积累，其间的成本是很高的。若是通过图片来传递，效果肯定比文字好很多，却也逊色于视频的效果。

总之，随着互联网基础设施的不断完善，消费者通过多种信息传播方式获取商品的信息。而随着信息技术的逐步发展，5G网络逐步的布局，宽带速度逐步的提高，我们的上网速度变得越来越快，企业利用视频来传播信息变得越来越经济。

2. 视频号的出现

微信于2020年1月22日推出视频号，定位为"人人皆可创作"的"短内容"平台，清晰地传达出降低创作门槛、加速创作者赋能的决心。腾讯选在微信上加入短视频功能，推出视频号无疑是腾讯进入短视频行业的一条捷径。首先，微信经过几年的发展已经具有庞大的流量。其次，在传播途径上微信与抖音、快手等有着很大的不同，这种不同主要体现在视频号可以通过社交圈子进行传播，可以在私域流量中分享。视频号依靠着微信庞大的用户群体，加上微信的生态，联通了直播、微信小商店、朋友圈、微信公众号、个人微信号、社群，在变现能力上远远超过了传统的短视频平台。

同时，视频号同样在微信生态中有着重要的地位，其帮助微信在短视频这个领域中占据了一部分的版图。其次，视频号的存在是不能够脱离微信生态来讨论的，只有放在微信生态中互动，视频号才能体现它的价值。目前，微信公众号的月活跃用户正在逐年下降。面对这种情况要让微信保持原本所具有的流量，就需要一个新的流量宣发渠道。同时，朋友圈的内容质量不断下降，优质内容的占比减少，微信也急需一个平台来增加优质内容。在这样的需求下，视频号便应运而生了。

3. 短视频带来巨大红利

随着短视频这个行业的逐渐稳定，其给短视频创作者带来了巨大的市场以及红利。短视频进行垂直化发展之后，衍生到了更多的领域，创作者也可以更好地在这片充满黄金的大陆中找到自己的一席之地。同时，随着4G的流量资费下降以及5G的入场，各种技术也会帮助短视频这个行业进行一定程度的进化。随着疫情的爆发，短视频行业将会在这两年内迅猛发展，2023～2025年市场规模增速会有所放缓，但仍可保持16%的年复合增长率，2025年中国短视频行业市场规模将有望接近6000亿元。而视频号的入场，也说明了腾讯并没有放弃短视频这一信息的终极形态。视频号创建之后，一定也会为创作者以及用户带来更多的红利。

（资料来源：笔者根据多方资料整理）

本章小结

视频号上线的时间并没有多长，但是越来越多的创作者已经发现了视频号中的红利。视频号已经逐渐成了腾讯生态体系中的一个标志性产品，它给腾讯带来的并不仅仅是一个新的功能，而是在这个时代完善腾讯生态的一块不可缺少的拼图。创作者可以把握住这次的红利，通过了解视频号的价值，完成视频号IP的打造，并且在充分了解视频号的变现法则后掌握这一时代的致富密码。

参考文献

[1] 佚名. IP营销：让品牌更具温度［J］. 中国合作经济，2020（1）：35-37.

[2] 白玉珊. 视频号掘金——获取微信生态红利的新玩法［M］. 北京：电子工业出版社，2020.

[3] 曹贤坤. 田园美食类短视频跨文化传播研究——以李子柒短视频为例［J］. 中国报业. 2021（2）：12-13.

[4] 曹妍. 左手流量　右手电商："快手们"迎来直播新赛点［J］. 现代广告，2020（22）：31-33.

[5] 曾紫乔. 新媒体时代短视频中城市形象的构建策略［J］. 湖南大众传媒职业技术学院学报，2019（1）：30-33.

[6] 柴乔杉. 92天上市　快手快人一步［J］. 中国品牌，2021（3）：76-79.

[7] 陈鹤丹，尤可可，张锦文. 短视频的生活、传播和消费价值新论［J］. 新闻论坛，2021，35（1）：95-98.

[8] 陈鹤丹，张锦文，陶炜. 内容社交商业新聚合——基于快手平台的"星云生态"分析［J］. 国际品牌观察，2020（35）：62-66.

[9] 陈杰，丁晓冰，张凯. 买它买它2019年度网红带货影响力榜［J］. 知

识经济，2020（Z1）：90-107.

[10] 陈杰. 微信视频号玩法指南[J]. 知识经济，2020（14）：74-77.

[11] 陈珏. 移动传播时代资讯类短视频的发展特点与问题[J]. 新闻世界，2018（1）：52-54.

[12] 陈梦. 文化产业并购的动因及绩效分析[D]. 蚌埠市：安徽财经大学，2020.

[13] 陈梦元. 移动终端中表情符号的表达交流与应用[D]. 天津市：天津美术学院，2017.

[14] 陈志民. 网红式店铺：内容营销下的电商运营新玩法[M]. 北京：电子工业出版社，2017.

[15] 佚名. 从发展传播学视角评快手短视频APP[J]. 传播力研究，2019，3（19）：117.

[16] 崔鹏. 视频号能弥补张小龙的遗憾吗[J]. 中国企业家，2020（6）：96-99.

[17] 董潇潇. 短视频行业发展的新情况与新特点[J]. 传媒，2019（9）：48-50.

[18] 杜雅楠. 基于微信引流的社交电商渠道新模式探讨——以拼多多为例[J]. 市场周刊，2019（11）：76-77.

[19] 樊淑琴，黄蒙婷. 非遗题材短视频的传播样态分析——以"快手"为例[J]. 中国传媒科技，2020（12）：107-110.

[20] 封传美：5G时代短视频新闻传播的发展路径[J]. 传媒论坛，2021，4（4）：152-154.

[21] 高川淋. 电商短视频的创作现状与反思[J]. 传媒论坛，2020，52（4）：10-11.

[22] 高扬辉，焦朝霞. 视频网站的营销策略研究——以哔哩哔哩网站为例[J]. 营销界，2020（38）：11-13.

[23] 谷学强，秦宗财. 竖屏时代抖音短视频创意营销传播研究[J]. 新闻

爱好者，2020（9）：65-67.

[24] 桂馨，冷晔，邢丽波，等. 仪器操作微视频制作及在实验教学中的应用研究［J］. 教育教学论坛，2017（10）：78-83.

[25] 郭卿宇. 5G 时代短视频的发展与西瓜视频的实践研究［J］. 声屏世界，2020（17）：119-120.

[26] 郭丝. 哔哩哔哩网站特色研究［D］. 哈尔滨：黑龙江大学，2019.

[27] 韩布伟，张国军. 网络直播掘金手册：商业模式＋引流方法＋应用实践［M］. 北京：人民邮电出版社，2017.

[28] 洪光平. 知识付费产品中的用户期望管理研究——基于期望心智模式［D］. 广州：暨南大学，2019.

[29] 侯雅欣. 我国短视频行业的"狂欢化奇观"——以抖音短视频为例［J］. 新乡学院学报（自然科学版），2018，35（5）：64-66.

[30] 胡丹丹，曹畅，陈越. 基于创新生命周期的平台管理模式研究——以 Bilibili 视频平台为例［J］. 中国商论，2020（24）：101-103.

[31] 胡涵林. 15 秒的商机：抖音电商运营实战指南［M］. 北京：人民邮电出版社，2019.

[32] 胡静如. B 站盈利模式及存在问题研究［J］. 新媒体研究，2020，6（12）：36-38.

[33] 胡舒晗，胡书灵. 浅析二次元文化视角下品牌 IP 设计与跨界融合［J］. 艺术工作，2020（1）：90-94.

[34] 黄天鸿. 快手：赢取主流认同，点赞可爱中国［J］. 销售与市场（管理版），2020（3）：103.

[35] 纪澍琴，王旭. 快手 APP 刻板印象产生的原因及发展对策［J］. 北方传媒研究，2021（1）：94-96.

[36] 姜阳. 网红经济的生成逻辑［J］. 新闻研究导刊，2017，8（14）：72.

[37] 蒋光祥. 快手 IPO 之后需要发掘新赛道［N］. 证券时报，2021-02-18（A09）.

［38］蒋美霞. 短视频健康传播的经验及思考［D］. 南昌：南昌大学，2020.

［39］乐静. 快手短视频：内容创作＋高效营销＋流量变现［M］. 北京：电子工业出版社，2019.

［40］乐上泓. 短视频时代移动营销策略研究——以快手短视频平台为例［J］. 传媒，2021（4）：55-57.

［41］冷淞. 论短视频对传统电视新媒体化赋能的独特性［J］. 现代传播（中国传媒大学学报），2019（10）：115-119.

［42］李安，余俊雯. 从生活展示到产业的转型：短视频在乡村振兴中的产业价值［J］. 现代传播（中国传媒大学学报），2020，42（4）：134-139.

［43］李金宝. 短视频盛宴中的媒介变革与价值发现［J］. 传媒观察，2021（2）：5-14.

［44］李盛楠. 10家卫视春晚牵手快手，融媒盛宴背后的广电转型探索［J］. 中国广播影视，2021（5）：52-55.

［45］李伟. 爆款IP打造与运营：内容创作＋吸粉技巧＋赢利模式［M］. 北京：化学工业出版社，2019.

［46］林爱珺. 当前短视频创作的伦理审视［J］. 人民论坛，2021（4）：63-65.

［47］林卓君，冯海兵. 短视频节目内容策划与实现策略研究——以西部网"五味什字"视频工作室为例［J］. 东南传播，2019，181（9）：117-119.

［48］刘兵. 直播营销：重新定义营销新路径［M］. 广州：广东人民出版社，2018.

［49］刘飞. 融媒体时代的电视记者素养［J］. 视界观，2020（4）：1-2.

［50］刘广宇，王成莉. 短视频语境下非遗影像化创作与传播研究——以抖音、快手为例［J］. 当代电视，2021（2）：95-98.

［51］刘蕾，史钰莹，马亮. "公益"与"共意"：依托移动短视频平台的公益动员策略研究——以"快手行动"为例［J］. 电子政务，2021

（3）：112-124.

[52] 刘令远. 以视频互联世界[J]. 新闻战线，2020（14）：83-85.

[53] 柳传志. 传统行业如何跟互联网发生关系[J]. 中国商人，2014（6）：24+26.

[54] 柳传志. 互联网思维与传统产业创新[J]. 唯实（现代管理），2014（7）：46-47.

[55] 马化腾，孟昭莉，闫德利，等. 数字经济：中国创新增长新动能[M]. 北京：中信出版社，2017.

[56] 马玉梅，吴翌琳. 移动互联时代的短视频营销[J]. 中国统计，2018（12）：26-28.

[57] 牟焕森，沈绮珊，宁连举. 短视频平台型企业商业化转型的商业模式创新——以快手为例[J]. 企业经济，2021（1）：71-81.

[58] 牛方，梁龙，高华斌，等. 高梵：直播电商一天破亿 背后是国货的初心坚守[J]. 中国纺织，2021（Z1）：40-41.

[59] 潘诗雨. 探究新媒体矩阵下的文化馆服务[J]. 民族音乐，2020（6）：49-50.

[60] 庞东升. 快手平台短视频营销发展策略[J]. 办公自动化，2021，26（2）：35-36+39.

[61] 齐朋利. 快手电商在"人货场"端的优化升级路径[J]. 传媒，2020（17）：27-29.

[62] 秋叶. 短视频实战一本通：内容策划 拍摄制作 营销运营 流量变现[M]. 北京：人民邮电出版社，2020.

[63] 沙雪昊. 青年亚文化视角下抖音品牌的广告研究[D]. 南京：南京师范大学，2020.

[64] 石慧. 国内移动短视频发展的困境与出路[J]. 传媒，2019（1）：46-48.

[65] 孙冰. "微信之父"张小龙回顾 微信10年[J]. 中国经济周刊，

2021（2）：81-83.

[66] 孙雄飞，吴祐昕. 基于用户心理模型的短视频类APP界面设计研究——以快手为例［J］. 设计，2021，34（4）：48-50.

[67] 孙妍. 逆流回乡，到小镇去创业［N］. IT时报，2021-03-05（01）.

[68] 王翠，刘宗元. 5G时代知识类短视频的创新路径探析——以抖音短视频平台为例［J］. 出版广角，2021（1）：68-70.

[69] 王烽权，江积海. 互联网短视频商业模式如何实现价值创造？——抖音和快手的双案例研究［J］. 外国经济与管理，2021，43（2）：3-19.

[70] 王海. "田园诗"经营法则 李子柒海内外通吃［N］. 第一财经日报，2019-12-25（A01）.

[71] 王宏璐. 央视主持人IP化趋势研究——以朱广权为例［J］. 新闻研究导刊，2020，11（9）：90-91.

[72] 王金. 浅谈视频媒体及内容的变迁［J］. 中国广播影视，2020，699（9）：94-96.

[73] 王军峰，李亘. 主流化：融合背景下商业短视频平台的正能量传播——以抖音、快手为例［J］. 电影评介，2020（17）：94-97.

[74] 王爽. 私域流量才是最大的流量掘金地［J］. 中外管理，2020（Z1）：93-94.

[75] 王婉. 自我呈现与剧班表演：网红直播带货策略分析——以李佳琦为例［J］. 视听界，2021（1）：44-49.

[76] 王晓然. 短视频APP的未来之路——以抖音为例［J］. 传媒论坛. 2019，2（22）：35-36.

[77] 王鑫轶. 短视频在国际传播视域的效果探析与对策［J］. 新闻研究导刊. 2021，12（3）：61-62.

[78] 王旭红. 抖音短视频的营销模式及商业价值探究［J］. 西部广播电视，2019（22）：28-30.

[79] 王宇. 直播带货创新公益传播 彰显媒体社会责任［J］. 中国广播，

2020（5）：6-8.

[80] 王政. 不是颠覆，是改善[N]. 人民日报，2014-05-05（19）.

[81] 魏超. 从信任到转化：快手直播营销对用户购买意愿影响的实证研究[D]. 北京：中央民族大学，2020.

[82] 吴娟. 乡村的想象：快手"土味吃播"中的农村形象误读[J]. 传播力研究，2020，4（19）：168-169.

[83] 吴利华. 手绘微课软件的学习体会[J]. 科学大众（科学教育），2018（11）：11.

[84] 吴倩，焦曦. 互联网对于古风音乐的传承与弘扬——以《青花瓷》为例[J]. 大观（论坛），2020（7）：26-27.

[85] 吴文军. 基于互联网思维的生产物流效益提升研究[D]. 重庆：重庆理工大学，2016.

[86] 谢若琳. B站二次上市的底气：超2亿用户日均浏览80分钟[N]. 证券日报，2021-03-30（A03）.

[87] 辛艳. 字节跳动的台网合作新模式[J]. 视听界，2019（5）：17-20.

[88] 邢小强，张竹，周平录，等. 快手科技：追求公平普惠的"隐形"之手[J]. 清华管理评论，2020（Z1）：136-144.

[89] 徐婧，汪甜甜. "快手"中的乡土中国：乡村青年的媒介呈现与生活展演[J]. 新闻与传播评论，2021，74（2）：106-117.

[90] 徐语鸿. "网红"成都有道理[J]. 中华手工，2019（4）：58-61.

[91] 徐卓昀，郑慧玉，朱烜知，等. 科普类微信公众号——"丁香医生"的传播现状及对策分析[J]. 科普研究，2019，14（6）：70-78+115-116.

[92] 许彩云. 富贵鸟集团产品营销策略研究[D]. 泉州：华侨大学，2016.

[93] 许琬婕. 传播学视域下的网红经济研究[D]. 湘潭：湘潭大学，2017.

[94] 薛呈永. 移动短视频内容品质化生产探析［J］. 邯郸职业技术学院学报, 2019, 32（4）: 39-42.

[95] 薛庞娟. 知识社群商业模式研究［J］. 管理观察, 2017（26）: 103-104+106.

[96] 杨曼曼. 抖音短视频广告效果影响因素研究［D］. 广州: 华南理工大学, 2019.

[97] 叶萌, 余来文, 吴树贤, 等. 视频号运营: 商业变现的营销法则［M］. 北京: 企业管理出版社, 2021.

[98] 衣国驹. 短视频营销模式发展趋势分析［J］. 现代商业, 2020（7）: 30-31.

[99] 尹金凤, 蒋书慧. 短视频传播中的土味文化研究［J］. 新媒体与社会, 2020（2）: 278-292.

[100] 张洁心. 光线传媒的动漫经营管理模式研究［J］. 经营与管理, 2020（10）: 56-59.

[101] 张行才, 张莉. 微信公众号运营模式的案例研究［J］. 海外英语, 2017（11）: 59-60.

[102] 张毅梦. 网络直播带货: "李佳琦"的传播策略——以博主李佳琦为例［J］. 东南传播, 2020（4）: 88-91.

[103] 张雨忻. 抖音快手收割流量市场, 短视频营销大战进入终局年［J］. 中国广告, 2020（Z2）: 83-86.

[104] 赵娜, 谭天. 中国短视频未来发展趋势和影响因素分析［J］. 视听界, 2019（4）: 5-9.

[105] 赵述评, 王维祎. 京东握快手［N］. 北京商报, 2020-05-27（05）.

[106] 支海燕. 从"口红一哥"李佳琪的爆火看直播营销［J］. 大众文艺. 2020（5）: 132-133.

[107] 钟超. 李子柒为何能走红海外?［J］. 作文与考试, 2020（8）: 8-9.

[108] 周维. 爆款短视频: 如何频繁产出刷屏视频［M］. 北京: 中信出版

集团，2020.

[109] 周鑫君. B公司抖音视频二次传播策略研究［D］. 上海：华东师范大学，2021.

[110] 宗晓敏. 移动短视频的营销价值及其商业变现研究［D］. 长沙：湖南师范大学，2019.

[111] 邹戈胤，刘俊英，郭勇. "疫情后"服务业直播及短视频营销私域流量建设［J］. 中小企业管理与科技（下旬刊），2020（12）：98-99.